Die Transformation als Heilungsprozess der Seele

Zum Inhalt:
Von der beschränkten Wahrnehmung zu einem höheren Bewusstsein

Unser Bewusstsein ist eingeschränkt. Als Menschen nehmen wir die Welt um uns herum nur aus einer begrenzten Perspektive wahr und haben dies im Sprichwort »Über den Tellerrand hinausblicken« zusammengefasst. Für ein höheres Bewusstsein benötigen wir jedoch nicht nur eine Entwicklung im physischen, sondern vielmehr eine Transformation im seelisch-geistigen Bereich.

Wie das gelingen kann, erklärt dieses Buch. In seiner Synthese aus Wissenschaft und Spiritualität verfolgt Norbert Golombek einen breiten Ansatz, der mehrere Disziplinen in den Blick nimmt. Dabei analysiert der Autor wesentliche Begriffe wie »Energie«, »Kommunikation« oder »Wirklichkeit« und hinterfragt sie aus einer interdisziplinären Perspektive.

Die Arbeit an der Transformation eröffnet Menschen zahlreiche Möglichkeiten: das Bewusstsein einer überpersonalen Existenz, die Erkenntnis der Wahrheit und die Entwicklung vom Ego zum Selbst. Auf diese Weise gelingt ein ganzheitlicher Blick auf den Menschen und seine Entwicklung hin zu einem besseren Leben.

NORBERT GOLOMBEK

Die Transformation als Heilungsprozess der Seele

Eine Synthese aus Wissenschaft und Spiritualität

Bibliografische Information der Deutschen Nationalbibliothek
Die Deutsche Nationalbibliothek verzeichnet diese
Publikation in der Deutschen Nationalbibliografie; detaillierte
bibliografische Daten sind im Internet über http://dnb.d-nb.de
abrufbar.

1. Auflage
Taschenbuchausgabe April 2021
Copyright: © 2021 Norbert Golombek

Kontakt über: info@transformation-golombek.de
Satz, Herstellung und Verlag: BoD-Books on Demand,
Norderstedt
Lektorat: Mirko Partschefeld
Coverdesign: Bettina Golombek, Lichtblick e.V.
ISBN: 978-3-7534-5382-8

Inhalt

Vorwort

Wieso dieses Buch?

Schon als kleines Kind war mir manches suspekt. Ich erfuhr Erzählungen über den lieben Gott, den Allmächtigen.

Faktisch erlebte ich ein *Gestern,* ein *Heute* und ein *Morgen,* also Zeit.

Was war dann eigentlich vor Gott?

Warum sind die einen Menschen in ein Land geboren, wo sie Krieg, Hunger und Armut erleben?

Warum geht es den anderen Menschen so gut?

Wieso sind die einen Menschen so nett zu mir und die anderen Menschen so böse?

Warum lässt Gott das zu?

Fragen über Fragen – aber keine Antworten. Was mir die Erwachsenen sagten, hat meine Fragen nicht vollständig beantwortet, weshalb es mich nicht überzeugte. Ich machte viele traumatische Erfahrungen und wurde dabei: älter. Ich gelangte über die Jugend in das junge Erwachsenenalter, aber die grundlegenden Fragen standen immer noch offen.

Zu den Auswirkungen der traumatischen Erfahrungen kamen jetzt auch die eigenen Unzulänglichkeiten und Fehler.

Das konnte so nicht bleiben – ich wollte wissen, was hier gespielt wird. Da gab es nur eine Möglichkeit: Ich musste auf Wanderschaft gehen.

Nicht die Wanderschaft, wie man sie landläufig kennt. Nein, es war eine seelische Wanderschaft.

Also – Rucksack packen. Gefüllt mit den alten Verletzungen, die gehörten ja mir, und gefüllt mit Neugier. Ich denke, was ich außerdem noch bei mir hatte, war die Begabung für ein spirituelles Bewusstsein.

Ich bin schon lange auf dieser Wanderschaft und werde noch lange unterwegs sein. Ich habe viele Erfahrungen gemacht. Manches hat in meiner Seele gebrannt und wehgetan, aber nicht um zu verletzen, sondern um zu heilen.

Das war mir am Anfang nicht bewusst, aber so einen Weg geht man ja auch nicht an einem Tag.

Andere Erlebnisse waren von sehr schöner Offenbarung und führten auch zu einer Bereicherung.

Auf meiner Wanderung wurde ich durch die Erfahrungen und Erlebnisse immer »reicher«. Ich sammelte immer mehr Reichtümer in meinem Rucksack. Aber es waren nicht die Reichtümer von dieser Welt. Die hätten mich nicht weitergebracht. Es waren diese Reichtümer, die man mitnehmen kann, wenn man diese Welt verlässt. Auf diesem Weg sammelte ich immer wieder neue Eindrücke und Erfahrungen, deshalb konnte ich einfach nicht stehen bleiben.

Doch irgendwann hielt ich inne und setzte mich. Öffnete meinen Rucksack und stellte überrascht fest, dass sich sehr viel »Neues« angesammelt hatte, aber auch »Altes« verloren gegangen war, ohne dass ich es weggeworfen hatte. Wo sind denn die alten Verletzungen?

Ich nutzte die Pause für dieses Buch.

Fragen, auf die ich Antworten gefunden habe. Auf diese Weise sammelte ich einen Schatz aus Weisheiten und Wissen an, der sich mir offenbarte beziehungsweise den ich mir erarbeitet habe. Diesen Schatz möchte ich aber nicht für mich behalten, sondern teilen.

Mir ist es wichtig, klarzustellen, dass die aufgeschriebenen Inhalte auf meinen Erkenntnissen und Erfahrungen beruhen, und zwar so, wie diese Erlebnisse auf mich gewirkt haben.

Ob sie der einen großen Wahrheit entsprechen und ob es eine solche überhaupt gibt kann und werde ich nicht wissen.

Es ist mir immer wichtig, und das wird in diesem Buch

auch sehr oft zum Ausdruck kommen, dass ich als Mensch nur ein sehr begrenztes Bewusstsein habe und meine Sinne allenfalls ein subjektives Bild zeichnen können. Wie nahe ich der Wahrheit komme, kann und werde ich nicht wissen.

Alles andere wäre anmaßend und würde diesen gegangenen Weg unglaubwürdig machen.

Bevor ich zu dem Kernthema dieses Buches komme – die Transformation – mit allen seinen Teilaspekten, werde ich einige Themen aufgreifen, die meines Erachtens zu einer ganzheitlichen Sichtweise dazugehören. Die Frage nach dem **Sinn des Lebens** war für mich sehr wichtig. Aber auch: Was ist **Wahrheit** und was ist **Wirklichkeit**? Welche Gefahren stecken in einer Verwechslung dieser beiden Faktoren? Was ist der **Tod**? Ich konnte mit vielen früheren Aussagen nichts anfangen. Es war mir alles einfach zu widersprüchlich. Aber nicht nur mir ist vieles unklar. Auch die Wissenschaft rätselt über eine Frage wie: Was ist das **Bewusstsein**? Ich habe dazu meine Gedanken in dem Kapitel **Gestalt und Bewusstsein** dargelegt.

Was ist **Geist**? Über die Betrachtung der Materie, unter anderem auch mit dem Kapitel **Die Körper-Behinderung** und mit den Erkenntnissen aus der Quantenphysik, habe ich Gedankengänge niedergeschrieben.

Die Synthese aus Wissenschaft und Spiritualität war und ist mir ein großes Anliegen.

Im **Rad des Lebens** geht es mir um die Beschreibung möglicher Ergebnisse einer Transformation in der Seele. Hin zu einem zufriedeneren Leben.

Die Gemeinschaft – eine Vision soll einen Blick in eine mögliche Zukunft zeigen. Vielleicht sind neue Visionen erforderlich. Ich schreibe dieses Buch während der Corona-Krise. Mehr möchte ich dazu nicht sagen. Mögliche Gedanken dazu überlasse ich jedem selbst.

In **Trauma und Heilung** sollen Möglichkeiten der Heilung durch die Transformationsarbeit aufgezeigt werden. Es geht aber auch um die Klärung: Was ist ein Trauma?

Das Kapitel **Transformation** zeigt dann die verschiedenen Stufen des Transformationsprozesses von der *Wahrheit und deren Erkennen und Annehmen* bis hin zu der *Kapitulation* und dem eigentlichen Kern der Transformation, *dem Tod und der Auferstehung.*

Letzteres stellt einen wichtigen Prozess im irdischen Leben dar. Der Tod erhält dort eine völlig andere Bedeutung und Wirkung im Gegensatz zu unserer landläufigen Meinung. Denn in unserer subjektiven Sichtweise steht der Tod dem Leben diametral gegenüber.

Ich hoffe, die Leser dieses Buches mit auf den Weg in Richtung *Wahrheit* mitnehmen zu können.

Die letzte große Antwort auf all unsere Fragen wird sich jedem von uns irgendwann offenbaren. Davon bin ich fest überzeugt.

Einleitung

Ich bin ein Mensch. Dies ist eine Festsellung, die mit mir wohl mehrere Milliarden Menschen treffen. Wie ist die augenblickliche Situation, was sind die Fakten?

Wir Menschen leben mit anderen Lebewesen auf dem Planeten Erde. Diesen haben wir im Laufe unserer Existenz mehr und mehr erforscht. Wir wissen, dass unsere Erde eine Kugelgestalt hat und wir haben die Natur und geographische Gegebenheiten erkundet. Unseren, den menschlichen, Körper haben wir anatomisch und physiologisch ausgiebig erforscht und sind in der Lage, medizinische Leistungen zu vollbringen, die uns heute eine höhere Lebenserwartung bescheren.

Wir haben mit der Erschaffung unserer Kultur und unseren technischen Fähigkeiten und Möglichkeiten diese Erde zum Teil grundlegend verändert.

Die unterschiedlichen politischen, wirtschaftlichen, kulturellen oder religiösen Weltanschauungen wollen wir hier nicht bewerten. Es geht nur um Fakten.

Menschen werden geboren, Menschen sterben. Menschen lachen, Menschen trauern. Freud und Leid sind Teil unseres Alltags. All das sind Fakten, die wir täglich beobachten können.

Aber warum das Ganze?

Wo komme ich her? Was war vor unserer Zeit, als es unseren Kosmos noch nicht gab? Was kommt, wenn ich gestorben bin? Gibt es etwas Höheres, einen Gott? Was ist Geist und Seele? Gibt es sowas überhaupt?

Ganz provokativ behaupte ich mal:

- Technisch sind wir kleine Wunderkinder
- In der geistigen Dimension des Bewusstseins allenfalls unbedeutende und armselige Kreaturen.

Bleiben wir besser bei den Fakten.

Erfahrungen durch Nahtoderlebnisse, spirituelle Erleuchtungen und Erlebnisse werden immer wieder berichtet. Viele dieser Schilderungen wurden zusammengetragen und analysiert. Trotzdem, obwohl sich diese Menschen nicht kannten, waren die Schilderungen jenseitigen Erlebens weitgehend identisch. Faktisch sollten wir diese Dinge also nicht beiseiteschieben.

Kommen wir wieder zu dem Punkt: Ich bin ein Mensch. Und da liegt die Wurzel allen Übels.

Mein Körper lässt mich an den Dingen dieser Welt teilnehmen, er grenzt mich aber auch gewaltig ein. Nehmen wir als Beispiel unser Sinnesorgan Auge. Im Dunkeln können wir unsere Umgebung nicht mehr wahrnehmen, bei größeren Entfernungen wird unser Sehen mehr und mehr beeinträchtigt. Im Mikro- und Makrokosmos benötigen wir technische Hilfsmittel wie Mikroskope und Teleskope.

Selbst damit kommen wir an unsere Grenzen.

Wir erleben, beschreiben und erforschen ein Raum-Zeit-Materie-Kontinuum.

Müssen wir nicht auch ein Theorem des Unendlichkeit-Ewigkeit-Geist-Kontinuums zumindest als Möglichkeit im Rahmen eines Bewusstseins im ganzheitlichen Sinn zulassen?

Überleitend wenden wir uns in diesem Sinn einem weiteren Fakt zu: Wahrheit und Wirklichkeit. Sind Wahrheit und Wirklichkeit identisch? Sind die Dinge, so wie sie auf mich *wirken*, wie ich sie mit meinen Sinnen erfasse, auch *wahr*? Wie weit behindert mein Körper mich, die Wahrheit zu erfassen?

Im entsprechenden Kapitel gehen wir darauf ein.

Zu unserem menschlichen Dasein gehört auch der Tod. Was ist der Tod? Unterliegen wir auch hier wieder den begrenzenden Wahrnehmungsfähigkeiten unseres Körpers?

Näheres im Kapitel »Tod«.

Kehren wir zurück zu den Fakten.

Wir erleben unsere Existenz in einem Raum-Zeit-Kontinuum eines materiellen Kosmos mit Prozessen der Wandlung. Damit kommen wir auch zu unserem Thema, der Transformation, die Gegenstand dieses Buches ist.

In der Transformation sehe ich unter anderem den Kern des Sinnes unseres Seins in diesem Kosmos.

Ein Grundsatz dieses Seins, unseres Kosmos und unserer Lebenswelt, ist die Dualität. Ein Spannungsfeld zwischen *Gut* und *Böse*, zwischen erlösten und unerlösten Lebensfeldern.

An dieser Stelle möchte ich die Dualität unter zwei Gesichtspunkten betrachten. Zum einen unter dem oben beschriebenen Spannungsfeld. Hier möchte ich die Bezeichnung »Polarität« verwenden.

Zum anderen benenne ich den dualen Rhythmus, in dem sich eine Gegensätzlichkeit im harmonischen und ergänzenden Sein befindet. Wir finden diese harmonischen und ergänzenden Rhythmen zum Beispiel in den Jahreszeiten, geographischen Strukturen wie Berg und Tal usw. Wenn ich im folgenden Verlauf von der »Dualität« schreibe, sind vordergründig die polaren Spannungsfelder gemeint.

Sind wir beim letzten Absatz immer noch bei den Fakten? Was ist hier Wahrheit oder Wirklichkeit? Doch dazu später mehr.

Betrachten wir in diesem Zusammenhang einige Lebensfelder,

Zunächst einmal das Lebensfeld **Kommunikation.**

Wir verfügen über umfangreiche technische Kommunikationsmittel in Form von Smartphones, Computer und

Co. Diese Dinge sind neutral und wertfrei. Erst durch die Nutzung durch den Menschen erfahren sie eine Sinngebung. Natürlich ist es von Vorteil, wenn ich per Smartphone bei einem Unfall schnell Hilfe anfordern kann.

Doch was, wenn meine tägliche Aufmerksamkeit in diesen Medien versinkt, hunderte von Freunden nur im Internet präsent sind und der kommunikative Austausch überwiegend von oberflächlichen Sprachnachrichten gestaltet wird? Wenn sogar Freundschaften via WhatsApp gekündigt werden?

Wie steht es um den tiefgründigen und liebevollen Austausch zwischen Menschen auf persönlicher Ebene? Wie vielen Menschen geht es wirklich darum, in einem tiefen Bewusstsein mit allem verbunden zu sein in einem höheren Selbst.

Hier erleben wir das Spannungsfeld erlöster und unerlöster Kommunikation. Natürlich gibt es viele Formen der Verständigung die nur eine kurze Information erfordern. Aber hier geht es um das Spannungsfeld.

Die Transformation kann ein solches Lebensfeld, wie die Kommunikation, von einem unerlösten in ein erlöstes Lebensfeld leiten.

Ein weiteres Beispiel wäre das Lebensfeld **Energie**. Nutzen wir Energie mit Umsicht und gestalten den Energiegewinn mit Nachhaltigkeit oder lassen wir uns von einem egozentrischen Bewusstsein von Machbarkeitswahn, Geldgier und Gleichgültigkeit leiten?

Und so könnten wir noch unzählige Lebensfelder benennen, was aber den Rahmen dieses Buches sprengen würde.

Letztlich geht es um die Transformation, ein Prozess, der in diesem Buch beschrieben werden soll.

Ein Prozess, der es uns ermöglicht, unsere Lebensfelder in einen erlösten Zustand zu überführen und somit eine Polarität zu überwinden. Damit ebnen wir den Weg für ein höheres Bewusstsein.

In einem Bewusstsein der vollkommenen Wahrheit sind alle Fragen gelöst. Dann ist sich der Kosmos seines Selbst bewusst und wird in einem höheren Selbst aufgehen können.

Wahrheit und Wirklichkeit

Zwischen Wahrheit und Wirklichkeit sollte man klar und deutlich unterscheiden. Wer kann schon von sich behaupten, die Wahrheit zu kennen? Viel zu subjektiv gestaltet sich unsere Wahrnehmung in emotionaler und kognitiver Hinsicht. Deshalb ist es sinnvoll, seine Wahrnehmungen und Empfindungen und die daraus erfolgenden Rückschlüsse in kognitiver und emotionaler Hinsicht als seine **Wirklichkeit** zu betrachten. Ob es der Wahrheit entspricht, erschließt sich uns in den meisten Fällen nicht. Was aufgrund logischer Rückschlüsse und im Austausch mit anderen durchaus als Wahrheit empfunden wird, könnte sich aus uns nicht zu erschließenden Perspektiven und Zusammenhängen letztlich als Irrtum herausstellen. Natürlich sind wir alle bestrebt, die Wahrheit zu erkennen und herauszufinden. Letztlich müssen wir uns mit unseren Wirklichkeiten abfinden. Vielleicht deckt sie sich hier und dort mit der Wahrheit. – Aber das wissen wir nicht!

Aber wieso ist das so?

Wir alle besitzen unseren Körper. Ich gehe aber zunächst noch nicht auf das Seelisch-Geistige ein.

Dieser Körper ist unter anderem mit Sinnesorganen und einem Gehirn versehen. Mit unseren Sinnesorganen nehmen wir Reize aus unserer Umwelt auf und können diese über unser Gehirn verarbeiten. Aber wie zuverlässig sind, bezüglich unserer Sinnesorgane, die von uns gemachten Wahrnehmungen und welche Faktoren spielen eine Rolle bei der kognitiven Verarbeitung unserer Wahrnehmungen? Gibt es vielleicht noch Dimensionen und Erscheinungsformen, die sich uns nicht erschließen, weil wir sie schlichtweg nicht wahrnehmen können? Weil uns die Voraussetzungen dafür einfach nicht zur Verfügung stehen?

Wie kurios sich das Fehlen eines Sinnes bezüglich unserer *Wahrheit* darstellen kann, möchte ich an einer allgemein bekannten Geschichte darstellen.

Es geht um die Geschichte, in der blinde Menschen einen Elefanten beschreiben sollen. Dabei sind die Blinden vordergründig auf ihre taktile Sinneswahrnehmung angewiesen. Jeder betastet eine andere Region des Elefanten. Der eine den Rüssel, der andere die Ohren usw. Zum Schluss artet es in einem heftigen Streit aus. Jeder hat zwar auf seine Weise Recht in der Beschreibung seiner taktilen Wahrnehmung, aber ein Elefant ist mehr als nur ein Rüssel oder ein Segelohr. Jeder der Blinden hat seine Wirklichkeit erfasst – aber nicht die Wahrheit. In gemeinsamen austauschenden Gesprächen und mit der Toleranz gegenüber dem anderen würde man der Wahrheit ein Stück näherkommen.

Jeder Mensch, jedes Lebewesen hat seine eigene individuelle Sichtweise auf die Dinge. Ob etwas schön oder hässlich aussieht, richtig oder falsch ist, hängt von vielen Faktoren ab. Das eigene Geschmacksempfinden, persönliche Erfahrungen, Interessen und vieles mehr beeinflussen die eigene Sichtweise. Wie etwas auf mich wirkt, das ist meine Wirklichkeit. Dieses subjektive Wahrnehmen und Verinnerlichen kann dann gefährlich werden, wenn das Individuum seine Wirklichkeit dogmatisch verinnerlicht, zur Wahrheit erklärt und jede andere Wirklichkeit als bedrohlich empfindet. Wenn diese Unterschiede aufgrund mangelnder Toleranz als Konflikt erlebt werden, so ist es noch vergleichsweise harmlos, wenn dies am Stammtisch oder in einer ähnlichen Situation ausgetragen wird. Wehe aber, wenn dies zu einer Radikalisierung führt und dann kompromisslos ausgelebt wird. Dann werden Terror und Kriegen die Türen geöffnet.

Doch was ist die Wahrheit?

Die Wahrheit über die Existenz des Seins in seiner Unendlichkeit, jenseits von Raum und Zeit, seinem Erfassen von dem, was sich unserer Körperlichkeit, unserem Denken verschließt – bis hin zu unserer materiellen Welt, unserem Kosmos – wir können diese vollkommene Wahrheit nicht erfassen. Nicht im Hier und Jetzt. Nicht mit unserem begrenzten Bewusstsein. Uns ergeht es wie den Blinden.

Kleine Puzzleteile der Wahrheit erschließen sich uns und sind dann deckungsgleich mit unserer Wirklichkeit. Doch es ist wichtig und dass erfordert ein kritisches und reflektierendes Bewusstsein, dies immer wieder zu hinterfragen.

Welche Dimension der Blick auf Wahrheit und Wirklichkeit haben kann, möchte ich an einem Beispiel verdeutlichen:

Stellen Sie sich vor, Sie waren noch nie in Paris. Trotzdem werden Sie mir sagen, dass in Paris der Eiffelturm steht. Wie kommen Sie dazu? Natürlich werden Sie sagen: Fernsehen, Schule, Berichte von Freunden und Bekannten, die dort waren. Fernsehen, Schule, Berichte – alles Dinge, die subjektiv auf Sie einwirken. Selbst gesehen haben Sie ihn nicht. Sie setzen sich genervt in den Zug und fahren nach Paris. – Da steht er, Sie schütteln nur noch mit dem Kopf und sagen: »Na also!« Nachdem Sie von seiner Plattform den Blick über Paris genossen haben, reisen Sie am nächsten Tag wieder ab.

Ein paar Tage später berichten Sie mir: In Paris steht der Eiffelturm.

Es entspricht der Wahrheit, dass diese Person vor ein paar Tagen den Eiffelturm gesehen und sogar auf ihm gestanden hat. Aber seine Aussage »In Paris steht der Eiffelturm« ist jetzt nur noch seine Wirklichkeit. Im Augenblick kann er ihn nicht sehen und es wäre durchaus möglich, dass der Eiffelturm inzwischen abgerissen wurde. Es ist zwar sehr wahrscheinlich, dass er noch dort steht. Um sich davon zu überzeugen, müsste er erneut aufbrechen.

Gehen wir noch einen Schritt weiter und verlassen das Raum-Zeit-Kontinuum. Wir wollen uns ja wieder der Wahrheit nähern.

Es gab eine Zeit, in der war der Eiffelturm und sogar Paris noch nicht erbaut. In einem Bewusstsein jenseits von Raum und Zeit existiert der Eiffelturm und existiert er nicht, und zwar in der Form von »sowohl als auch«. Beides ist richtig und somit wahr. Wahrscheinlich wahr! Im späteren Verlauf dieses Buches wird durch die Erklärung der Quantenphysik dieses Phänomen noch deutlicher werden.

Diese kleine Geschichte sagt vielleicht mehr aus als vielerlei Erklärungen.

Sie zeigt uns, wie eingeschränkt wir aufgrund unserer Körperlichkeit sind. Wir können nicht gleichzeitig überall auf dieser Welt sein.

Mit unseren Sinnesorganen können wir nur einen geringen Anteil unserer Welt erfassen. Selbst mit Hilfsmitteln wie Teleskopen oder Mikroskopen können wir nicht in die allertiefsten Sphären des Seins vordringen.

Dimensionen wie Seele und Geist können wir nicht erfassen, ihre Wahrheit können wir allenfalls erahnen. Es sei denn, jemand ist durch sein Bewusstsein außerhalb seines Körpers Zeuge dieser Dimensionen geworden.

Ein Bewusstsein im seelisch-geistigen Bereich kann aber in einem Körper solche Erfahrungen nicht machen. Das Gehirn ist dazu nicht in der Lage. Es erzeugt kein Bewusstsein, sondern hat allenfalls eine Filterfunktion des Bewusstseins. Es erlaubt uns nur ein begrenztes Erfassen der Ganzheit des Seins. Durch seine synaptischen Schaltungen bedingt es einen Raum-Zeit-Modus.

Auch dazu eine kleine Geschichte:

Stellen wir uns unsere seelisch-geistige Bewusstseinsebene als einen Klavierspieler vor. Dieser hat ein Repertoire von, sagen wir, fünfhundert Musikstücken, die er alle auswendig beherrscht.

Unser Gehirn ist das Klavier und wird unmöglich alle fünfhundert Musikstücke gleichzeitig zulassen können. Weder technisch noch musikalisch.

Gehen wir aber von einer seelisch-geistigen Bewusstseinsebene aus, die auch unabhängig vom Raum-Zeit-Kontinuum unendliche Seinszustände wahrnimmt und auch Teil des Handlungsgeschehens ist, so sehen wir unser Gehirn, so faszinierend es auch vor dem Hintergrund der evolutionären Entwicklung in unserm Kosmos erscheint, sichtlich überfordert.

Ganz banal: Wenn wir mit beiden Händen gleichzeitig zwei verschiedene Texte schreiben sollen, sind wir schlichtweg überfordert.

Kommen wir wieder zurück zu Wahrheit und Wirklichkeit. Wenn unser Gehirn nur ein so kleines Abbild eines Bewusstseins darstellen kann, wie vorsichtig müssen wir dann mit unserer Aussage sein: Das ist die Wahrheit!

Wir leben sowohl als Individuen, aber auch in sozialen Gemeinschaften unterschiedlicher Größenordnung.

Individuen und soziale Gemeinschaften bilden aufgrund ihrer subjektiven Erfahrungen und Erlebnisse und mithilfe ihrer inneren Anlagen wie Bedürfnisse, Interessen, Intelligenz usw. eigene Meinungen, Vorstellungen und nach außen gerichtete Bedürfnisse.

So wie die Dinge im Außen und im Innen auf uns wirken, stellen sie unsere Wirklichkeit dar. Vielleicht ist manchmal auch ein Stück Wahrheit mit dabei. Bleiben wir aber zunächst bei der Wirklichkeit.

Es gibt viele Individuen und soziale Gemeinschaften in unterschiedlichen Größen, damit jede Menge Wirklichkeiten. Manche Wirklichkeiten gehen konform mit denen anderer Individuen oder Gemeinschaften.

Werden diese Wirklichkeiten aber zu Wahrheiten erklärt, die dann Eingang zu einer einzig wahren Weltanschauung, eines Menschenbildes, einer staatlichen Ideologie oder einer Religion finden, schaffen wir die Grundlage für Konflikte.

Natürlich kommen noch andere Faktoren wie zum Beispiel das Grenz-Bewusstsein dazu. Hier kommt wieder unser Körper ins Spiel. Dieser hat eine Oberfläche, die eine Grenze zum Außen erfährt. Wir können uns abgrenzen und erleben uns auch so. Wir grenzen uns und Räume, in denen wir unser Jagdrevier abstecken– heutzutage ist es unser Arbeitsplatz, ein zu Hause oder eine Gemeinschaft mit der wir gleiche Interessen und Anschauungen teilen – ab.

Mit diesen und weiteren Faktoren bilden wir, wenn die subjektiv erfasste Wirklichkeiten zur einzig gültigen Wahrheit deklariert wird, die Grundlage von Konflikten. Doch wie lösen wir diese Konflikte? Ein Blick auf unser Weltgeschehen in früheren und auch in heutigen Zeiten gibt uns klare Antworten.

Kriege, Zerstörungen und Gewalt gegenüber unseren Mitmenschen, der Natur und unserer Erde sind die Folgeerscheinungen.

Unsere geistigen Werkzeuge, die diesbezüglich zum Einsatz kommen, sind Konkurrenzdenken, Hass, Machbarkeitswahn und die Gier. Damit haben wir in uns ein unerlöstes seelisches Manifest geschaffen.

Die Begrenztheit unseres Seins, bedingt durch einen Körper, der unser Bewusstsein einschränkt, ist eine der Wurzeln des Dualismus, die zum Kennzeichen dieses Kosmos wird und geworden ist.

Die Überwindung dieser Dualität, das Erkennen der Wahrheit und die Entwicklung von einem egozentrischen, dogmatischen Denken hin zu einem höheren Selbst-Bewusstsein mit dem Aspekt, dass alles mit allem verbunden ist – dies ist **ein** Sinn dieses Lebens hier in unserem Kosmos.

Ein mögliches Werkzeug, diesen Weg zu beschreiten, ist die Transformation in der Seele.

Ein anderes Werkzeug ist die Erkenntnis und Erfahrung durch Wissenschaft und Spiritualität. Eine Erfahrung, die unser Bewusstsein erweitern kann.

Wissenschaft und Spiritualität

Unsere anthropologische Entwicklung hat uns vielschichtige Wirklichkeiten beschert: die Zähmung des Feuers, die Herstellung und der Gebrauch einfacher Werkzeuge, die antiken mathematischen und astronomischen Erkenntnisse, die Vorstellungen von Götterwelten, die Allchemie, der Glaube an Hexerei und Zauberei und letztendlich die neuzeitliche technische Entwicklung sowie enorme wissenschaftliche Entwicklungen wie etwa in der Physik, Chemie, Biologie usw.

In unserer Frühgeschichte, vor allem im Mittelalter, waren wissenschaftliche Erkenntnisse und religiöse/spirituelle Vorstellungen teilweise noch arg vermischt, wie wir das in manchen alchemistischen Bemühungen bestätigt finden. Es gab aber auch Konflikte zwischen religiösen dogmatischen Glaubenssätzen und wissenschaftlichen Erkenntnissen. Aufgrund der damaligen Machtstellung der Kirche war dies für Forscher und Wissenschaftler ein gefährliches Unterfangen, wissenschaftliche Thesen oder Erkenntnisse zu veröffentlichen, die nicht mit den religiösen Glaubenssätzen zu vereinbaren waren. Denken wir in diesem Zusammenhang nur an die Proklamierung eines heliozentrischen Weltbildes. Für die damalige Kirche war dies ein klarer Fall von Ketzerei.

Im ausgehenden Mittelalter und mit Beginn der Neuzeit hat sich die Wissenschaft mehr und mehr von religiösen und alchemistischen Vorstellungen gelöst und sich der Erforschung und Aussage klarer Fakten verschrieben. Ich denke, das war ein wichtiger Schritt, um in Ruhe, fundiert und nach einem strengen Reglement, wissenschaftliche Arbeitsweisen zu entwickeln und daraus den heutigen Kenntnisstand zu ermöglichen. Hier wurde und wird eine hervorragende Arbeit geleistet, die ihren Respekt verdient. Es geht um Fakten.

Forschungsergebnisse müssen verifizierbar sein; es ist kein Platz für Vermutungen. Allenfalls können Hypothesen und Theorien in den Raum gestellt werden, ansonsten finden wir in Physik, Chemie, Mathematik, Biologie usw. Wissenschaften mit klaren Aussagen aufgrund klar reglementierter Forschungsarbeit.

Auf der anderen Seite haben wir das religiöse/spirituelle Weltbild. Hier geht es nicht um Fakten, sondern um Glauben. Einen Gott, Engel oder gar einen Satan kann man nicht wissenschaftlich präsentieren. Trotzdem ist vielen Menschen der Glauben wichtig und auch mancher Wissenschaftler ist in seiner »Privatperson« ein gläubiger Mensch. Dies birgt natürlich ein gewisses inneres Konfliktpotential.

Über dies hinaus bietet die Spiritualität natürlich mehr als »nur« den Glauben. Menschen, denen sich in der Meditation Dinge offenbart haben, die wir mit bloßem Verstand kaum verstehen können, gehören dazu. Wir kennen darüber hinaus Berichte von Nahtoderlebnissen mit deckungsgleichen Aussagen von Menschen, die vorher nicht in Kontakt standen. Oder auch wundersame Ereignisse, die nicht erklärbar sind. Sehr gut beschrieben finde ich das Nahtoderlebnis des amerikanischen Arztes und Hirnchirurgen Eben Alexander. Dem renommierten Harvard-Hirnexperten waren die ihm zugetragenen Nahtodberichte seiner Patienten suspekt und er tat sie als Phantasien ab, ließ sie aber bei ihren Vorstellungen. Nahtoderlebnisse werden sehr gern als ein hirnorganischer Prozess gesehen, der bei lebensbedrohlichen medizinischen Situationen eintritt und entsprechende Bilder und Erlebnisse projiziert.

Durch eine Infektion mit dem Bakterium Escherichia coli wachte Eben Alexander eines Morgens im November 2008 mit unerklärlichen Kopfschmerzen auf, erlitt kurz danach eine Art epileptischen Anfall und verlor das Bewusstsein. Im

Krankenhaus wurde eine bei Erwachsenen praktisch unbekannte Form von Meningitis diagnostiziert. Angesichts des fast siebentägigen Komas bescheinigte der behandelnde Arzt Scott Wade in einem Gutachten eine Mortalität von über 97 Prozent. Der Neocortex, der Sinneseindrücke verarbeitende Teil der Großhirnrinde, reagierte nicht mehr. Denken und Wahrnehmungen sind in diesem Zustand, wie auch Halluzinationen infolge verabreichter Medikamente, unmöglich.

Eigentlich – doch Alexanders Bewusstsein unternahm eine Reise in eine Welt jenseits von Raum und Zeit. Sehr anschaulich beschreibt Eben Alexander, der jetzt überzeugt ist, dass der Tod des Körpers und Gehirns nicht das Ende des Bewusstseins ist, sondern dies darüber hinaus eine Existenz außerhalb unseres *Raum-Zeit-Materie-Kontinuums* hat. Bildhaft schildert Eben Alexander seine Erlebnisse unter anderem in seinem Buch »Blick in die Ewigkeit«.

Diese Berichte untermauern nochmals die These, dass das Bewusstsein nicht durch das Gehirn hervorgebracht wird, sondern allenfalls eine Filterfunktion hat. In seinem Buch »Tore ins unendliche Bewusstsein« geht Eben Alexander auf dieses Thema sinngemäß folgendermaßen ein:

»Die materialistische Wissenschaftsmeinung kommt zu der Schlussfolgerung, dass das Bewusstsein im Wesentlichen das Gehirn ist. Berge von neurowissenschaftlichem Material und unzählige Experimente würden das bestätigen. Elemente der Nahtoderlebnisse können mit Drogen, Anoxie und Lahmlegen von bestimmten Schaltkreisen repliziert werden. Neurowissenschaftler verfügen heutzutage über viele faszinierende Werkzeuge und Techniken, um physische Veränderungen im Gehirn zu beobachten, zu dokumentieren und zu messen. Angesichts der vielen beobachteten Daten könnte man leicht zu dem Schluss kommen, dass eine physische Veränderung eine phänomenale Erfahrung erzeugt, obwohl tatsächlich genau das Gegenteil der Fall sein könnte, nämlich, dass die phänomenale Erfahrung der eigentliche Auslöser der verstärkten physischen Aktivität im Gehirn ist. Hier wird die materialistische Wissenschaftssicht von der eigenen tiefsitzenden Annahme überrumpelt. Dazu die Analogie von Dr. Dean Radin: Nur, weil sich Sonnenblumen an der Sonne ausrichten, heißt das nicht, dass ihre Drehung die Sonne dazu bringt, sich über den Himmel zu bewegen.«

Eine Trennung auf Zeit war für die beiden Bereiche Wissenschaft und Spiritualität vielleicht eine sehr gute und gesundende Auszeit. Wichtig für die eigene Entwicklung und Sichtweise.

Doch halte ich den Zeitpunkt für eine Synthese von Wissenschaft und Spiritualität für gekommen.

Vor allem in der Physik, speziell in der Quantenphysik, sehe ich einen guten Ansatz für eine Annäherung der beiden Bereiche Wissenschaft und Spiritualität. Dazu ein kurzer Exkurs in die Quantenphysik.

Was ist Quantenphysik?

In der Quantenphysik gibt es im Gegensatz zur klassischen Physik keinen Determinismus. Die Ursache liegt in den Superpositionszuständen der Quanten. Das heißt, Quanten sind quasi Energiepäckchen, wie zum Beispiel das Elektron, das Graviton oder das Photon. Diese halten sich nicht an das klassische Verständnis der Physik, weil sie sich gleichzeitig an mehreren Orten und mit unterschiedlichen Geschwindigkeiten befinden können.

Im Rahmen des Welle-Teilchen-Dualismus können sie sowohl als Teilchen wie auch als Welle in Erscheinung treten. Beschrieben ist dies im Rahmen der Heisenberg'schen Unschärferelation. In ihr steckt die Erkenntnis, dass man die beobachtete Welt durch den Akt der Beobachtung verändert, sie also nie so erkennen kann, wie sie wirklich ist.

Ein weiteres Phänomen der Superposition zeigt sich in folgendem Versuchsaufbau, bei dem man ein einzelnes Elektron auf eine Wand zufliegen lässt, in der sich zwei Schlitze befinden. Nach der klassischen Physik müsste sich das Teilchen entscheiden, ob es sich nach links oder rechts bewegt und somit hinter dem rechten oder linken Schlitz nachweisbar ist. Tatsächlich bildet sich ein Interferenzmuster, das beweist, dass sich das Teilchen durch beide Schlitze bewegt haben muss. Das obige Experiment funktioniert sogar dann noch, wenn wir einen der beiden Schlitze erst öffnen, nachdem das Teilchen das Hindernis überwunden hat – aber bevor es auf dem Detektor erschienen ist. Das Elektron hat sich also durch beide Schlitze bewegt, obwohl der im Moment des Passierens noch geschlossen war. Auf den ersten Blick widerspricht das dem Prinzip der Kausalität einer Ursache-Wirkungs-Beziehung.

Erst das Messgerät und somit der Beobachter lassen die Superposition quasi zusammenbrechen zugunsten einer Positionierung. Eine Subjektivität, auf die ich noch zurückkomme.

Bei dem Bell'schen Theorem kommt es zur Aussage einer Korrelation von phasenverriegelten Teilchen auch über größere Distanzen. Das heißt, Quanten, die miteinander verschränkt sind und sich anschließend an unterschiedlichen Orten aufhalten, zeigen dennoch übereinstimmende Phänomene, wie die Ausführung eines gleichzeitigen Spins. Dies funktioniert auch unabhängig von der Relativitätstheorie, weil keine Kommunikation aufgrund der Verschränkung besteht.

Unter »Verschränkung« versteht man, wenn ein System mit mehreren Teilchen einerseits als Ganzes einen definierten Zustand darstellt, andererseits die einzelnen Teilchen keinen definierten Zustand besitzen, weil sie quantenphysikalisch gesehen mehrere Möglichkeiten besetzen können.

Als letztes Beispiel möchte ich noch eine Theorie, bekannt als Schrödingers Katze, darstellen. Hier wird die Superposition nochmals verständlich.

In diesem Gedankenspiel sind in einer Kiste ein radioaktives Atom, ein Giftbehälter, ein Geigenzähler zusammen mit einer Katze eingesperrt. Das radioaktive Atom ist in einem Superpositionszustand des *Zerfallens* und *Nichtzerfallens*. Der Geigerzähler ist ebenso wie der Giftbehälter in einem Superpositionszustand des *Registriert/Nichtregistriert* sowie *Giftfreisetzung/-nichtfreisetzung*. Die Katze ist sowohl tot als auch lebendig, solange wir die Kiste nicht öffnen und zum Beobachter fungieren.

Weiter und tiefer möchte ich an dieser Stelle nicht in die Quantenphysik eintauchen.

Die Quantenphysik offenbart uns Phänomene, die wir mit unserer alltäglichen kognitiven Logik kaum erfassen können. Sie zeigt uns aber auch die Grenzen unserer *Wirklichkeit* auf.

Wir benötigen auf unserem Weg zur Suche nach der *Wahrheit* ein größeres Feld. Die Synthese von Wissenschaft und Spiritualität wäre ein großer Schritt in der Erweiterung unseres Bewusstseins.

Ich möchte nun meine eigenen spirituellen Erfahrungen und damit verbundenen Sichtweisen mit gedanklichen Essenzen aus der Quantenphysik verknüpfen und darstellen.

Wir sind aufgrund unserer Körper, die das Seele-Geist-Kontinuum in ein Raum-Zeit-Kontinuum einschränken und somit zu einer Behinderung führen, deterministisch in das Sein eingebunden und damit unfähig, unser Bewusstsein in einer Superposition wirken zu lassen. Das heißt, wir können nicht den Eiffelturm in Paris bewundern und gleichzeitig die Eiswüste am Nordpol erfahren sowie an jedem weiteren Punkt auf unserer Welt gegenwärtig sein. Der Zustand dieser Körper-Behinderung führt meines Erachtens auch dazu, dass wir eine mögliche Wahrheit des Gleichzeitig-Seins in Unabhängigkeit eines Raum-Zeit-Materie-Kontinuums nicht erleben können. Die subjektive Wahrnehmung der Positionierung in der Quantenphysik durch unsere Beobachterrolle und der damit einhergehende scheinbare Kollaps der Superposition machen dies noch mal deutlich. Wir schreiben einem Phänomen etwas zu, das einzig unserer Wirklichkeit entspricht. Die Positionierung und die Wahrnehmung eines zeitlichen Moments lassen uns ein Teilchen wahrnehmen. Ein Teilchen als räumlich begrenztes Artefakt, das unser eigenes Erscheinungsbild in unserer Wahrnehmung abbildet, als ein sich von der Umwelt abgrenzender Körper.

Wir erleben uns in einer momentanen zeitigen Situation, hervorgekommen aus einer Vergangenheit mit einer ungewissen Zukunft.

Was aber, wenn in Wahrheit alles immer und gleichzeitig stattfindet – es gar keine Vergangenheit und Zukunft gibt?

Wenn unser durch das Gehirn gefiltertes Bewusstsein uns daran hindert, die Wahrheit zu erfassen?

Die Quantenphysik zeigt uns einen Weg. Einen langen Weg, auf dem wir allenfalls ein paar Schritte gegangen sind.

Ich bin der Auffassung, dass alles derzeit stattfindet, aber auch alles schon stattgefunden hat, auch die Dinge, die für uns noch in der Zukunft liegen. Alles geschieht und ist schon geschehen. Alles gleichzeitig, wir sind bestenfalls der momentane Beobachter, der die Superposition nicht erkennt. Gleichzeitig sind wir aber auch Handelnder, in der Rolle der Superposition. Aber auch das können wir nicht erkennen. Die Freiheit einer momentanen Entscheidung und der damit verbundenen Handlung erleben wir als augenblickliche Determinante, die sich in einem empfundenen zeitlichen Rahmen abspielt und aufgrund dieser Zeitlichkeit in eine Vergangenheit abgeleitet wird. Lediglich die Wirkungen dieser Ereignisse können sich gegenwärtig darstellen.

So erleben wir eine traumatische Erfahrung, die wir beispielsweise aufgrund fremder Handlungsweisen erfahren, im Nachhinein als mögliche posttraumatische Belastungsstörung.

Wir erleben in unseren kognitiven Prozessen zwar ein Nacheinander in Form von Vergangenheit und Gegenwart, aber unter dem Aspekt der Superposition hätten wir eine Raum-Zeit übergreifende Gegenwart. Trauma und posttraumatische Belastungsstörung lägen somit auf einer Höhe.

Wir müssen einen weiteren wichtigen Aspekt mit ins Spiel bringen, und das ist meiner Meinung nach der größte und allentscheidende Spielstein.

Den – **Geist** –.

Wir wollen Schach spielen, haben ein Schachbrett, aber es fehlen die entsprechenden Figuren. Wir wissen aber nicht genau, wie diese aussehen.

So ergeht es uns mit dem »Geist«.

Ich denke, es bringt uns nicht wirklich weiter, wenn wir diesbezüglich auf dem Feld unserer Materie fündig werden wollen. Nach unserem heutigen Stand sind Elektronen Elementarteilchen, die sich nicht weiter zerlegen lassen. Der Kern wird gebildet aus Protonen und Neutronen, die aus je drei Quarks bestehen.

Ich bezweifle, wie gesagt, dass wir hier fündig werden.

Das Phänomen Geist verstehe ich als Bewusstsein, das weder räumlich noch zeitlich gebunden ist und die Fähigkeit besitzt, jegliche Form und Gestalt zu schöpfen und darzustellen, aus sich selbst heraus als ewigen Prozess eines Seins, der nie begonnen hat und nie endet.

Die Seele wiederum, die zwar als Träger von Bewusstsein fungiert, aber trotzdem eine nichtschöpferische deterministische Gestalt verkörpert, ist befähigt, eine Bindung in die Materie einzugehen. Andererseits ist die Seele aber auch der formende Ausdruck des schöpfenden Geistes. Form und Inhalt werden hier zu einem Ganzen.

Unsere Materie ist lediglich ein Abdruck.

Beispiel:

Betrachten wir ein Gemälde mit einem Baum. Der Betrachter/Beobachter wird sagen: Das ist ein Baum! Aber – dies ist nur ein Bild, ein Bild von einem Baum.

Und so gesehen verhält es sich auch mit dem Baum, den wir in unserer Natur sehen.

Es ist letztendlich auch nur ein Abdruck, ein Abdruck einer sich uns derzeit verschließenden Wahrheit.

Die Körper-Behinderung

Was ist eine Körper-Behinderung? Krankheiten, die eine Körper-Behinderung auslösen können, sind in der medizinischen Literatur ausreichend beschrieben und wir können gutachterlich einen Grad der Behinderung feststellen und per Ausweis dokumentieren. Hilfsmittel wie Prothesen, Orthesen und auch Rollatoren und Rollstühle lassen zusammen mit Treppenliften und anderen technischen Hilfen Menschen mit Körperbehinderung eine bessere Teilhabe in unserer Gesellschaft möglich werden.

Also liegt hier, scheint's, eine klare Sache vor. Da ist eine Person aufgrund eines Unfalls, einer Krankheit oder seit Geburt nicht mehr in der Lage, ihren Alltag ohne Hilfen zu meistern. Natürlich ist es offensichtlich, dass, wenn jemand im Rollstuhl sitzt, sich dessen Alltag anders darstellt als bei jemandem, der dieses Hilfsmittel nicht braucht, der beim Gehen nicht eingeschränkt ist.

Teilen wir also die Gesellschaft ein: Behinderte und Nichtbehinderte. Das machen wir gern, das gibt uns eine klare Struktur und damit Sicherheit. – Aber so einfach ist das nicht.

Denn wo beginnt die Behinderung in *Wahrheit*? Oder wie ist meine *Wirklichkeit* aus der Sichtweise eines behinderten Menschen? Als ambitionierter Marathonläufer ist es für mich selbstverständlich, größere Distanzen zu überwinden. Ich könnte jetzt zu der Aussage gelangen: Wer einen Marathon wegen mangelnder Kondition nicht schafft, ist behindert. Die höhere Mathematik bereitet mir Schwierigkeiten. Ein mathematisches Genie könnte mir aus seiner Sichtweise eine Behinderung attestieren.

»Marathon vs. Mathematik? Ich dachte, wir reden von Körperbehinderungen« könnte jetzt als Einwand kommen.

Die Anatomie unseres Körpers beinhaltet auch ein Gehirn. Wenn nun mein Gehirn nicht in der Lage ist, trotz intensiver Lernübungen sehr komplexe mathematische Vorgänge zu verstehen, bin ich dann nicht aufgrund meines Gehirns (Körper) diesbezüglich eingeschränkt (behindert)? Wenn jemand lernbehindert ist, ist er geistig behindert? Was ist mit seinem Geist? Oder ist es besser, zu fragen: Was ist mit seinem Gehirn? Er ist geistig behindert – wissen wir denn, was Geist ist? Wenn wir den Begriff »Geist« ins Spiel bringen, werden wir im naturwissenschaftlichen Bereich erst mal auf Ablehnung stoßen. – Hier zählen Fakten. Der Begriff »geistige Behinderung« wird aber auch hier anerkannt und somit sind wir wieder mittendrin im Spiel *Wahrheit* oder *Wirklichkeit*.

Genauso gut sprechen wir von seelischen Krankheiten. Aber wenn wir den Begriff »Seele« erklärt haben wollen, stoßen wir auf Widerstand oder besser gesagt Unwissen. Jetzt können wir den Bogen weiter spannen und fragen: Ist Unwissen nicht auch eine Art von Behinderung?

Was für großartige Leistungen vollbringen Athleten bei den paraolympischen Wettkämpfen! Leistungen, die ein sogenannter unsportlicher »Nichtbehinderter« nicht schafft. Wir könnten noch weitere Beispiele aufführen und kämen immer wieder zu dem Ergebnis: Des einen Stärke wäre für den anderen seine Schwäche oder Behinderung, dieses oder jenes nicht leisten zu können.

Was ist mit Menschen wie Dr. med. Eben Alexander. Der bekannte Hirnchirurg aus den USA hatte nach einem Infekt mit dem Bakterium Escherichia coli eine derart ausgeprägt Enzephalitis, dass er ins Koma fiel und seine Überlebenschance gegen null sank. Obwohl seine Hirnfunktion so weit herabgesetzt war, dass irgendwelche kognitiven Leistungen unmöglich waren, offenbarten sich ihm erstaunliche Ereignisse. In seinen Büchern beschreibt er seine Erlebnisse in einer geistigen Welt mit überwältigenden Bewusstseinszuständen. Ein grenzenloses Bewusstsein, zu dem wir hier auf unserer Erde nicht in der Lage wären.

Aber warum nicht?

Weil unser Seele-Geist-Kontinuum mit einem Körper »behindert« ist und somit zu einem Seele-Geist-Materie-Kontinuum wird, welches wiederum mit einem Raum-Zeit-Materie-Kontinuum korreliert.

Wenn wir wissen wollen, ob der Eiffelturm wirklich in Paris steht und wir uns davon überzeugen möchten, können wir uns nicht einfach mit unserem Bewusstsein dorthin begeben. Je nachdem, an welchem Standort wir uns auf dieser Welt befinden, bedarf es je nach Entfernung zumindest eines Fußmarsches. Eher und wahrscheinlicher bedarf es der Nutzung von Verkehrsmitteln wie Pkw, Bahn oder Flugzeug.

Ob der Eiffelturm vor 500 Jahren schon erbaut war und ob er in 500 Jahren noch existiert, können wir persönlich nicht in Erfahrung bringen. Wir sind auf historische Berichte angewiesen, denen wir glauben schenken müssen oder dürfen. – Zudem liegt die Zukunft für uns im Ungewissen!

Genau hier möchte ich ansetzen. Es geht nicht um die Gehbehinderung oder sonstige Gebrechen, die eine Körperbehinderung darstellen, sondern um die Einschränkungen des Seele-Geist-Materie-Kontinuums im Vergleich zum Seele-Geist-Kontinuum. Im Letzteren würde der Körper als Materie eine Behinderung darstellen. Diesbezüglich habe ich in den folgenden Kapiteln stets die Schreibweise »Körper-Behinderung« gewählt, als Abgrenzung zu der landläufigen Auffassung einer Körperbehinderung.

Welches Ausmaß die Körper-Behinderung auf unser Leben und somit auf unser Bewusstsein ausübt, wird im Verlauf dieses Buches noch zum Ausdruck kommen.

Der Sinn des Lebens

Was ist der Sinn des Lebens? Wer stellt sich nicht diese Frage und findet nur schwerlich oder aber gar keine Antwort. Vor dem Hintergrund von *»Wahrheit und Wirklichkeit«* sowie der weiter oben beschriebenen *»Körper-Behinderung«* ist es nicht einfach, hier eine ausreichende und zufriedenstellende Antwort zu finden.

Werfen wir zunächst einen Blick in diese Welt und durchwandern sie als ein neutraler Beobachter, der durch Raum und Zeit geht. Wir erleben eine Erde mit all ihren geographischen und klimatischen Gegebenheiten. Uns begegnet eine vielfältige Natur mit den unterschiedlichsten Lebewesen und jedes hat ein Recht, diesen Planeten zu bevölkern. Eine Spezies tut sich besonders hervor – der Mensch. Er bevölkert nahezu die komplette Erde und sieht sich als höchste Entwicklungsstufe der Evolution. Er legt die Naturgesetze nach seinen Erkenntnissen aus und ordnet Lebewesen schematisch ein. Er schafft Rangordnungen mit der Unterscheidung von Pflanzen, Tieren und Menschen. Er fasst eine große Anzahl von Lebewesen als Tiere zusammen und ein Lebewesen, dem Menschen, gibt er eine eigene, gesonderte Position. Warum? Wer gibt ihm das Recht? Erleben wir in dieser Sichtweise des Menschen ein extremes Missverhältnis von *»Wahrheit und Wirklichkeit«,* mit fatalen Folgen für die friedliche Koexistenz der Schöpfung?

Wir setzen unseren imaginären Weg durch die Welt weiter fort. Bilder von historischen Ereignissen sowie Einblicke in Alltägliches offenbaren sich unserem Bewusstsein:

Eine Mutter umsorgt liebevoll ihr Kind. – Ein Mann wird überfallen, niedergeschlagen und ausgeraubt. – Sanitäter wiederbeleben ein Unfallopfer nach einem Verkehrsunfall. –

Frauen werden der Hexerei beschuldigt und öffentlich auf dem Scheiterhaufen verbrannt. – Krankenschwestern verbinden die Brandwunden eines Patienten im Krankenhaus und trösten ihn. – Ein Weltkrieg führt zur Verwüstung eines Kontinents, Millionen Menschen sterben einen qualvollen Tod. – Es entstehen wundervolle Gemälde und tiefgreifende literarische Werke. – Ein Kind wird sexuell missbraucht. –

Es entsteht kulturelles Geschehen. – Die Erde wird sinnlos ausgebeutet, wir wollen immer mehr … Wohlstand. – Menschen verhungern … Geldgier … Zerstörung der Artenvielfalt … Klimawandel!

Wir brauchen erst mal eine Pause auf unserer Wanderung durch Raum und Zeit und fragen uns:

Was ist der Sinn des Lebens? Vielleicht sollten wir fragen: Was ist der Sinn unseres irdischen Lebens?

Viele Menschen werden diese Frage dahingehend beantworten, dass der Sinn des Lebens in Glück, Wohlstand, Gesundheit und Frieden besteht. Vielleicht werden noch konkrete Vorstellungen in den Raum gestellt. Eine glückliche Ehe und Kinder für eine intakte harmonische Familie. Einen guten Arbeitsplatz, der einem Spaß macht und ein gutes Einkommen sichert. Gute Freunde, schöne Reisen usw.

Wenn dieses doch für viele Menschen der Sinn des Lebens ist, wieso haben wir auf unserer imaginären Wanderung durch Raum und Zeit so viel anderes erlebt?

Ach ja, natürlich. Da gibt es ja noch die anderen, werden viele, die dieses Glück nicht erreichen, sagen. Die anderen sind schuld. Das Elend auf dieser Welt wird immer durch die anderen verursacht.

Doch wer sind diese anderen? Auf diese Frage gibt es eine ganz einfache Antwort: Die anderen sind auch wir! Alle Wesen haben ein Bewusstsein, das aus einem gemeinsamen Ursprung stammt.

Wir sind in einem früheren Kapitel schon mal darauf einge-gangen: Diese Welt ist eine dualistische Welt. Das Gute und das Böse ist ein Bestandteil dieser Welt, ist ein Bestandteil jedes Individuums. Damit sind wir wieder bei dem Dilemma: Individuum. Unsere *»Körper-Behinderung«* schränkt unser Bewusstsein durch die Filterfunktion des Gehirns stark ein, zudem ist unsere Wahrnehmung durch unsere Sinnesorgane nur sehr subjektiv möglich. Ein Individuum mit solchen Ein-schränkungen/Behinderungen ist natürlich leichter zu mani-pulieren und zu täuschen.

Elementare Bedürfnisse, wie Sicherheit und Unversehrtheit, haben eine starke Wirkungsfunktion auf unsere Handlungs-weise. Traumatische Erlebnisse wie die eigene Geburt und die darauffolgende Abhängigkeit in der Grundversorgung wie Kleidung, Nahrung und Wärme spielen dabei eine große Rolle. Damit ist jedes Individuum zeitlebens auch ein Man-gelwesen; das heißt beispielsweise, dass wir mehrmals am Tag Hunger verspüren. Dieser Hunger signalisiert uns unseren Mangel an Nährstoffen. Egal ob Grünpflanze oder Mensch, wir brauchen für unsere irdische Existenz mindestens Nah-rung. Ansonsten würden wir verhungern. Unsere Eigenschaft als Mangelwesen lässt sich auch gut an der

Maslow'schen Bedürfnispyramide

ablesen:

Defizitbedürfnisse
- Grundbedürfnisse: Trinken, Essen, Schlafen, Luft, Ge-sundheit
- Sicherheitsbedürfnisse: materielle und berufliche Sicher-heit, Wohnen, Arbeit, Regeln

- Soziale Bedürfnisse: Freundschaft, Liebe, Gruppenzugehörigkeit
- Wertschätzungsbedürfnisse: Zustimmung, Anerkennung

Wachstumsbedürfnisse

- Selbstverwirklichung

Mit diesen elementaren Bedürfnissen ist ein wichtiger Faktor verknüpft: die Angst. Diese bietet auch eine gute Grundlage, auf der wir anfällig sind für Manipulationen.

Wir haben jetzt zwei Faktoren: die Angst und die Individualität, in der ich mich von dem anderen getrennt erlebe. Im Letzteren entsteht ein Spannungsfeld zwischen Vertrauen und Anonymität.

Die Angst ist eine ursächliche Triebfeder eines Überlebenskampfes, egal ob dies objektiven Tatsachen entspricht oder nicht. In unserer Vergangenheit, vor tausenden von Jahren, hat uns das sicher auch mal das Leben gerettet vor dem lauernden Säbelzahntiger.

Wenn auch der Säbelzahntiger ausgestorben ist, die Angst hat überlebt.

Die Angst und die Anonymität des anderen, gepaart mit unseren elementaren Bedürfnissen und unserer *»Körper-Behinderung«* laden förmlich dazu ein, Gedankengänge zu konstruieren, deren Auswirkungen nicht in vollem Umfang erfasst werden und zu einem Konvolut aus Selbsttäuschungen, List und Selbstbevorteilung werden. Das können zunächst ganz harmlose Konstrukte sein: Wie bekomme ich den größeren Anteil an der Beute? Oder: Wie boote ich meine Kollegen aus, um die Gehaltserhöhung zu bekommen? Wenn dann noch archaische Elemente aus der Säbelzahntigerzeit aktiviert werden, können auch Gewalttätigkeiten hinzukommen. Natürlich bringt heutzutage niemand gleich seinen Kollegen wegen einer Gehaltserhöhung um, aber Mobbing ist ja auch möglich.

Ist erst mal der Grundstein gelegt, kann dies zu einem Selbstläufer werden. Gier und Macht können weitere Ansprüche entfachen, um letztendlich das zu erreichen, was wir ursprünglich wollten: ein gutes Einkommen für ein gutes Auskommen. Aber ist erst mal etwas aus dem Ruder gelaufen, nimmt dies einen ganz anderen Verlauf. Geldgier und Besitz können eine Eigendynamik entwickeln, deren zerstörerischer Verlauf kaum noch zu stoppen ist. Ein Stoff, aus dem man Kriege macht.

Von diesen Beispielen könnte man unzählige aufzeigen, das Resultat ist immer das Gleiche: Zerstörung und Leid.

Was ist der Sinn des irdischen Lebens?

Wir haben gesehen, wie das »Böse« in die Welt kommt. Obwohl es keiner will, ist jeder von uns auf seine Art ein Baumeister dessen. Es gehört einfach in diese Welt. Es ist die Welt der Polarität, der Gegensätze und damit ein Spannungsfeld Wir werden in dieses Spannungsfeld hineingeboren. Dies könnte man als kollektives Schicksal bezeichnen, dessen Sinnhaftigkeit darin besteht, als Architekt das »Böse« als etwas Unerlöstes zu gestalten und gleichzeitig zum Bewohner dessen zu werden. Das bedeutet, wir sind kollektiv gesehen Täter und Opfer zugleich. Zwar nicht unbedingt paritätisch in individueller Hinsicht, aber im Ganzen betrachtet zumindest oszillierend. Verstärkt wird diese Sichtweise, wenn man einem Seele-Geist-Kontinuum aus individualistischem Blickwinkel die Möglichkeit der Reinkarnation zubilligt. All diesen Prozessen müssen wir einen Platz in unserem Bewusstsein einräumen, wenn wir der *Wahrheit* näher kommen wollen.

Ganz gleich, ob wir unser kollektives Schicksal oder unser

individuelles Schicksal in Betracht ziehen: Es geht darum, die Inhalte des Schicksals zu erkennen und die Bereitschaft, mit diesem in einen Prozess zu treten.

Betrachten wir das Schicksal als eine feste Determinante unseres Lebens, um die sich die freie Willensgestaltung formiert. Der Gestaltungsrahmen dieser Prozessdynamik zwischen Determination und freier Willensgestaltung obliegt der Individuation. Wie gehe ich konkret mit dieser Situation um? Ob Akzeptanz oder Rebellion bezüglich des eigenen sowie des kollektiven Schicksals, es wird zum Bestandteil der Sinnhaftigkeit unseres, zumindest irdischen, Lebens.

Wollen wir das Spannungsfeld unserer polaren Welt, in die wir nicht nur hineingeboren wurden, sondern in der wir auch der Baumeister sind, überwinden, müssen wir in einen weiteren Prozess treten.

Die Transformation als kollektives und individuelles Geschehen, die eigens geschaffene Polarität zu überwinden. Dies wird in dem Kapitel »Die Transformation« eingehend geschildert.

Die Orientierung in unserem Schicksal im Kontext einer Transformationsarbeit als Grundbaustein unseres Lebenssinnes ermöglicht die Öffnung zu einem Bewusstsein einer objektfreien wahren Liebe und der Erkenntnis der Wahrheit in der Weisheit. Damit geht die Entwicklung aus dem Ego zum Selbst einher.

Fassen wir zusammen:
Der Sinn des irdischen Lebens besteht aus
- dem Erkennen und Bearbeiten unseres Schicksals
- der Transformation zur Überwindung der Polarität
- dem vollkommenen Bewusstsein reiner Liebe
- über die Weisheit die Wahrheit erkennen
- der Überwindung des Egos hin zum Selbst

Hierzu Näheres unter den Ausführungen: Rad des Lebens.

Die Unterscheidungskriterien zwischen Ego und Selbst möchte ich folgendermaßen darstellen:

Im Ego sieht sich das Individuum in jeglicher Hinsicht getrennt von seiner Umwelt. Seine eigenen Bedürfnisse werden in den Vordergrund gestellt.

Im Selbst erlebt man sich mit allen Wesen verbunden.

Was ist der Tod?

Wie muss das seit Urzeiten auf uns wirken, wenn ein Mitmensch stirbt. Reglos liegt er danieder, unfähig, mit uns zu kommunizieren, und sein Körper zerfällt. Wir sprechen in diesem Fall vom Tod. Ein Thema, das nicht grade hoch im Kurs steht, in einer Gesellschaft, in der Dynamik, Erfolg und Spaß einen hohen Stellenwert haben. Aber der Tod: Damit verbinden wir Begriffe wie Lebensende, Siechtum, nicht mehr da zu sein, Verlust.

Die Feststellung des Todes erfolgt bekannterweise durch einen Arzt. Grundlage ist die unumkehrbare Desintegration der lebenswichtigen Organe. Dies sind das Herzkreislaufsystem und das zentrale Nervensystem, verursacht durch das Absterben der einzelnen Zellen.

Die biologische Begründung für den natürlichen Tod wird von Wissenschaftlern im Mechanismus der Evolution vermutet: Hat ein Lebewesen sein Erbgut erfolgreich weitergegeben und sind die Nachkommen überlebensfähig, dann existiert das Erbgut in den Nachkommen fort.

In unterschiedlichen Glaubens- und Meinungsrichtungen wird der Tod zum einen als der Zustand von »Nichts« gesehen, zum anderen als unumkehrbarer Übergang in einen anderen Seinszustand in jenseitige Sphären oder als eine Wiederverkörperung durch Reinkarnation. Wie auch immer, das unmittelbare Phänomen »Tod« bereitet große Schwierigkeiten in der Definition.

Kehren wir wieder zurück zu unserem Thema: *Wahrheit und Wirklichkeit.* Meine visuelle Wahrnehmung verzeichnet einen Sterbeprozess und sein Ende. Das wirkt auf mich wie der Tod in Form von Ende und Leblosigkeit. Umfang und Art dieser visuellen Wahrnehmung werden bestimmt durch meinen Körper.

Das *Raum-Zeit-Materie*-Kontinuum lässt keine andere *Sichtweise* zu. Menschen werden geboren, wir haben etwas bekommen, wir freuen uns. Menschen sterben, wir haben etwas verloren, wir sind traurig. Vielleicht kann der Glaube noch etwas Trost spenden.

Natürlich dürfen wir uns in diesem Kontinuum kognitiv bewegen, sollten aber selbstkritisch dies als unsere *Wirklichkeit* annehmen.

Wollen wir uns der Wahrheit nähern, müssen wir weitere Faktoren ins Spiel bringen. Unsere *Körper-Behinderung* hindert uns, die Dinge im Rahmen des *Unendlichkeit-Ewigkeits-Bewusstseins*-Kontinuums zu erkennen. Dem Tod obliegt kein absolutes Ende. Auf der körperlichen Ebene erfolgt im Sterbeprozess mehr und mehr ein multiples Organversagen mit der Konsequenz, dass kognitive und motorische Leistungen erlöschen. Neuronale und endokrine Steuerungsmechanismen kommen zum Erliegen und letztendlich kommt es zum Verfall der körperlichen Strukturen sowie der Organe. Neben dem Austritt der Flüssigkeit kommt es unter anderem zur Denaturierung von Proteinen und es bleiben Mineralien und Salze übrig. Hier trifft der Ausspruch »Asche zu Asche und Staub zu Staub« im wahrsten Sinne zu.

Aber wir sind noch nicht am Ende. Klar, die Körperlichkeit als Form existiert nicht mehr, aber es geht weiter. Die Mineralstoffe reichern das Erdreich an und bieten gute Voraussetzung für das Wachstum von Pflanzen. Die sterben auch wieder usw. Wir haben es mit einem Kreislauf zu tun, den wir im *Raum-Zeit-Materie*-Kontinuum erleben. Ein Körper zerfällt, verliert seine Struktur und wird Bestandteil neuer Strukturen.

Im *Unendlichkeits-Ewigkeits-Bewusstseins*-Kontinuum laufen die Prozesse in analoger Weise. Das Seele-Geist-Kontinuum wird, gelöst aus dem materiellen Bestandteil, in einen anderen Seinszustand geleitet. Natürlich betreten wir hier das Gebiet von Religion und Spiritualität. Die klassische Wissenschaft wird diesem Phänomen einer Transformation von seelisch-geistigen Kräften in einen höheren Seinszustand äußerst kritisch oder ablehnend gegenüberstehen. Aber, wie schon im Kapitel *Wahrheit und Wirklichkeit* beschrieben, werden wir die Synthese von Wissenschaft und Spiritualität benötigen, um auf dem – Weg der Wahrheit – voranzukommen. Es nützt wirklich wenig, wenn ein dogmatisch-religiöses Weltbild mit teilweise verklärenden transzendenten Vorstellungen und rigorosem Widersprechen von wissenschaftlichen Erkenntnissen einerseits und ein dogmatisches Wissenschaftsgebaren, dass ausschließlich die Richtigkeit in ihrem Verständnis von den Dingen propagiert, andererseits, sich ablehnend gegenüberstehen.

Ich bin der Meinung, dass der Tod kein dem Leben diametral gegenüberstehendes Phänomen, sondern ein Katalysator wichtiger dynamischer Lebensprozesse im Rahmen einer Entwicklung hin zur Vollkommenheit im seelisch-geistigen Bewusstsein ist. Transformation und damit das Phänomen »Tod« sind ein wichtiger Prozess in unserem **irdischen Alltag** bezüglich unserer seelischen Entwicklung und Reifung und kein Ereignis, das wir ausschließlich in Verbindung mit unserem »Sterben« und dem Verlust unseres irdischen Körpers bringen sollten. Das würde den »Tod« in ein völlig verkehrtes Bewusstsein stellen, was aber leider einen überwiegend realen Bestandteil unseres Alltagsbewusstseins darstellt.

In dem **alltäglichen** Prozess der Transformation in unserer Seele kommt es einerseits zum Zerfall und andererseits zur Entstehung von neuen Strukturen und Prozessen aus ein und demselben seelischen Bereich mit seinen spezifischen Eigenschaften.

Die Entstehung aus diesem transformatorischen Prozess möchte ich als »Auferstehung« bezeichnen.

Die Auferstehung als Ergebnis einer Transformation zur Erneuerung des Lebens: Damit gemeint sind alle Ereignisse des täglichen Lebens, die mit Veränderungen und Erneuerungen verbunden sind. Wir alle kennen diese Veränderungen durch unsere eigene Lebenserfahrung. Da sind die Entwicklungsphasen von der Säuglingszeit über die Kindheit und Jugend zum Erwachsensein. Der Wechsel vom Kindergarten über Schule zur beruflichen Ausbildung. Das Eingehen von Partnerschaft, bis hin zur Familiengründung. Aber auch die Einsicht und Reue einer negativen Lebensgestaltung wie zum Beispiel die Ausübung von körperlicher und seelischer Gewalt, Gier, Machtmissbrauch usw. – verbunden mit der Bereitschaft zu einer grundlegenden Wandlung.

Das sind Lebensfelder in unserem irdischen Dasein, in denen Transformation stattfindet. Zerfall und Auferstehung von »Neuem« als alltäglicher Prozess. Auch die kleinen Ereignisse, wie die Einsicht eines Unrechts mit anschließender Entschuldigung, gehören zu diesem Prozess. Jeder könnte an dieser Stelle viele Dinge aus seinem Leben berichten, die diesem Schema entsprechen.

Die Transformation und damit das Phänomen Tod sind also unser alltäglicher Begleiter, er ist uns vertrauter, als wir es vielleicht ahnen.

Egal was auch immer geschieht: – Das Leben bleibt für immer bestehen, es ist unsterblich. –

Das Thema Tod und Transformation möchte ich anhand einer kleinen Geschichte erläutern:

Stellen wir uns einen alten Ziegelsteinbunker mit lauter kleinen Zellen vor. Diese dienen zu einer willkürlichen Gefangenschaft von Menschen.

Mit Spitzhacken zerstören wir den Gefangenenbunker, bis nur noch ein großer Berg von Ziegelsteinen und Balken vom Dachgebälk vor uns liegt. Ein Fremder, der vorbeigeht, wird nicht mehr erkennen, was das einmal war. Wir könnten auch noch die Steine zu einem mineralischen Sand-Kies-Gemisch zermahlen. Die Strukturen sind nun vollends zerfallen.

Wir könnten in diesem willentlich herbeigeführten Zerfall einen Prozess sehen, der als »Tod« bezeichnet werden kann. Das Sein des Bunkers ist im augenblicklichen *Raum-Zeit-Kontinuum* nicht existent, aber man kann auch nicht sagen: »Es existiert nichts mehr.«

Es existieren ein Berg eines mineralischen Sand-Kies-Gemisches sowie mehrere Balken.

Aus unserem planenden Bewusstsein gehen wir in eine *handelnde-materielle* Form über und fertigen neue Steine an, mit denen wir nun eine Brücke mit einem Schutzgeländer aus Holzbalken über einen unüberwindbaren Fluss bauen. Diese Brücke ermöglicht den Menschen die Überwindung eines Hindernisses und den Weg in ein neues, freies Land.

Wir können letzteres Geschehen dann auch als eine »Auferstehung« sehen.

Diese Auferstehung trägt in sich eine neue Struktur bezüglich »Form und Inhalt«. Die Form ist die Brücke mit dem Geländer. Dies ist eine Tatsache, die im materialistischen Sein angesiedelt ist. Der Inhalt dagegen kennzeichnet das »Geistige«, das Sein des Bewusstseins. In unserem Fall geht es inhaltlich um die Überwindung eines unüberwindlichen Flusses in das Land der Freiheit und der neuen Möglichkeiten. Die Gefangenschaft im Bunker ist beendet.

Diese Geschichte hat uns gezeigt, wie wichtig die Prozesse von Transformationen für unser Weiterkommen sind. Keine Entwicklung und kein Fortschritt ohne Transformation. – Der Tod und dann die Auferstehung. Erst wenn das »Alte« zerfallen ist, kann das »Neue« entstehen. – Bunker **und** Brücke geht nicht. Das gilt natürlich auch für unsere seelische Entwicklung. Die unerlösten Seeleneigenschaften zerfallen und finden in der eigenen Auferstehung die Erlösung. Beides zusammen geht in unserer Welt des Raum-Zeit-Kontinuums nicht. An dieser Stelle möchte ich noch einmal auf die oben genannten Begriffe »Form« und »Inhalt« zurückkommen. **Form und Inhalt** sind ein wichtiges Unterscheidungskriterium und dürfen nicht miteinander verwechselt werden!

Denn – letztendlich geht es um die Inhalte. Die sind wichtig in unserem lebendigen Dasein und bedürfen einer klaren und richtigen Interpretation. Wenn wir, beispielsweise, von einem Bekannten gefragt würden, wie die gestrige Theateraufführung war. Dann will er nicht wissen, dass die Bühne die Ausmaße von 20 mal 18 Meter hatte, die Vorhänge von blauer Farbe waren, für die Kostüme 8 Meter Stoff verarbeitet wurden und es insgesamt 4 Schauspieler waren im Alter von 25 bis 61 Jahren.

Nein – er möchte die Inhalte wissen: Wovon hat das Stück gehandelt, was waren die Inhalte und wie ist die Aufführung »rübergekommen«?

Schlussfolgernd müssen wir das Phänomen Tod nicht nur im Zusammenhang unseres irdischen Ablebens sehen, sondern als einen Prozess, der uns in unserem Alltag immer wieder begegnet und für die eigene Entwicklung ein wichtiger Katalysator ist.

Der Tod ist ein wichtiger Bestandteil für unsere seelische Entwicklung.

Aber – wozu brauchen wir das »alles«?

Der Dualismus, genauer gesagt: die Polarität, ist in unserer Welt ein fester Bestandteil unseres Seele-Geist-Kontinuums. Im Alltag sprechen wir von unseren Stärken und Schwächen, von Dingen, die wir gern ändern würden. Die Auswirkungen unser seelisch-geistigen Eigenschaften spiegeln sich wider in der Gestalt unserer Gesellschaft. Wir finden ein fürsorgliches Miteinander genauso wie egozentrische Verhaltensweisen mit all ihren Abbildungen in Form von Streit, kriminellen Handlungen bis hin zu Gewaltexzessen in Form kriegerischer Auseinandersetzungen. Wenn wir von der »Hölle auf Erden« sprechen, so ist dies nichts anderes als ein Abbild unserer seelisch-geistigen Kräfte und Eigenschaften. Zu unserer Entschuldigung sagen wir bezüglich unseres Fehlverhaltens: »Wir sind halt nur Menschen, und die machen Fehler.« Das ist richtig, wir können die vollkommene Wahrheit nicht erfassen, wir sind nun mal Körper-behindert.

Die Polarität gehört in diese Welt und nur hier kann sie überwunden werden. Das ist eine Kernaufgabe unserer irdischen Existenz. Das bedeutet, die Möglichkeiten destruktiver Kräfte, die wir in diese Welt hineinwirken lassen, müssen in positive Kräfte transformiert werden. Doch was sind positive Kräfte? Hier sind wir wieder bei *Wahrheit und Wirklichkeit*. Wir werden die Wahrheit nicht in ihrer Ganzheit und auch nicht in einem kurzen Zeitfenster erfassen. Aber wir können auf den Weg gehen, den Weg der Wahrheit. Und wie bei den meisten unserer Wege erleben wir schöne, aber auch mühsame Passagen. Für manche unserer Wege brauchen wir Karte und Kompass als Orientierungshilfe. Für den Weg der Wahrheit könnte uns die Weisheit und die Liebe ein guter Wegweiser sein.

Aber das ist nur der Anfang, denn der Weg der Transformation ist mühsam, aber lohnend.

Möglichkeiten im Rahmen der Transformation zeigen sich im Kapitel – Rad des Lebens –.

Das Rad des Lebens

Die Symbolik des Rades soll es uns erleichtern, die folgenden Prozesse leichter zu verstehen.

Mit dem Lebensrad werfen wir einen Blick auf das mögliche Ergebnis von Transformationsarbeit und der damit verbundenen Erlösung im dualistischen Sein. Die Inhalte des Lebensrades können individuell erstellt werden. Im Kern haben wir immer das gleiche Prinzip, nämlich die Erlösung im seelisch-geistigen Bereich in eine höhere Daseinsform. Die Erfassung der individuellen Eigenschaften erfordert einen ehrlichen Blick in den Seelenspiegel mit der Frage: Wer bin ich?

Der Aufbau des Lebensrades, wie schon erwähnt, ist kein festes Dogma und kann verschiedene Inhalte haben.

In unserem Beispiel haben wir folgende Inhalte:

Nabe: Achtsamkeit
Speichen: Freiheit, Freude, Frieden, Dienen, Demut und Dankbarkeit
Reifen: Liebe und Weisheit

Der Weg des Rades wird getragen vom Vertrauen in die richtige Richtung.

Im Folgenden schauen wir uns die verschiedenen Inhalte des Rades an und beginnen mit der Achtsamkeit.

Die Achtsamkeit

Im Alltag erleben wir oft, dass wir mit unseren Gedanken abschweifen. Der sorgenvolle Blick in die Zukunft bezüglich seiner Unvorhersagbarkeit und die damit verbundenen Ängste in Verbindung unseres Sicherheitsbedürfnisses lassen den wahren Augenblick unseres Seins aus unserem Bewusstsein verschwinden. Allenfalls rudimentär ist unsere Aufmerksamkeit im »Hier und Jetzt«. Oftmals sind wir mit unseren Gedanken bei Planungen für die nächsten Tage. Egal ob selbstgewollt oder fremdbestimmt sehen wir uns in der Pflicht gegenüber anderen und uns selbst. Was erwarten wir von uns selbst oder meinen, was andere von uns erwarten? Ist unsere Existenz in Gefahr? Kann ich meinen Lebensstandard noch halten? All diese Gedanken, ob bewusst oder unbewusst, vertreiben uns aus dem »Hier und Jetzt«.

Andererseits sind es Ereignisse aus der Vergangenheit, die unsere Gedanken fesseln. Eigene Handlungen oder Erlebnisse, die in uns Verärgerungen, Peinlichkeiten oder Ängste hervorrufen, können unser seelisches Gleichgewicht ins Wanken bringen. Aber selbst ganz banale Dinge, wie ein vergessener Termin, lassen unsere Gedanken in der Vergangenheit anhaften. Manche Persönlichkeitseigenschaften, wie mangelndes Selbstwertgefühl, verstärken diese Prozesse noch obendrein. Aber auch andere Gedankeninhalte verhindern ein verweilen im »Hier und Jetzt«. Tagesträume oder Phantasien spiegeln unerfüllte Wünsche und Bedürfnisse aus dem

Inneren unserer Seele. Aber auch die Flucht aus dem Alltag lässt unsere Gedanken in Phantasiereisen abdriften.

Wir leben in einem ständigen Spannungsfeld zwischen Gestern und Morgen. Die Gedanken, die wir mit der Planung für »Morgen« aufgewendet haben und mit denen wir alle Möglichkeiten gedanklich durchgegangen sind, verlieren sich am nächsten Tag wieder erneut in die Zukunft. Die Frage nach den Konsequenzen, die sich aus der momentanen Lage ergeben könnten, bringt uns wieder in die Zukunft. Selbst in Situationen, wo wir nicht gefordert sind, sind wir kaum in der Lage, den Augenblick zu genießen. Es kommt zur Langeweile und unsere Gedanken schweifen wieder ab. Natürlich erleben wir auch Augenblicke, bei denen wir bewusst im »Hier und Jetzt« verweilen und einen schönen Augenblick in unserem Leben genießen. Egal ob ein schöner Urlaubstag oder ein Treffen mit guten Freunden: Oft sind diese Augenblicke nur einzelne Inseln im Ozean unserer Ängste und Bedürfnisse nach Sicherheit und Geborgenheit. Wie oft ertappen wir uns bei Aussagen wie: »Wenn wir dieses oder jenes erst mal geschafft haben, wird es ruhiger.« Oder: »Die haben gut reden, bei denen läuft alles wie geschmiert.« Nein – den anderen geht es genauso. Die anderen, das sind auch wir. Doch wie gestalte ich ein Leben in Achtsamkeit?

Dazu benötigen wir einen inneren Beobachter. – Natürlich sind wir selbst der innere Beobachter. Dieser innere Beobachter ist zunächst zuständig für unsere Gedanken. Die Gedanken, die in uns aufsteigen, werden von ihm betrachtet, aber nicht bewertet. Alles Denken, das sich mit Ereignissen aus der Vergangenheit oder Zukunft beschäftigt, wird liebevoll betrachtet und dann losgelassen. Sanft wird unser Bewusstsein wieder auf das »Hier und Jetzt« gerichtet. Unterstützen können wir dies mit Hilfe unserer Atmung. Wir lenken unsere Aufmerksamkeit auf unser Ein- und Ausatmen. Jedes

Abdriften der Gedanken wird nicht als negatives Ereignis gewertet. Jedes Verbleiben der Gedanken in der Gegenwart wird dankbar angenommen.

Diesen Baustein der Achtsamkeit nennen wir: **Betrachte deine Gedanken.**

Unsere Existenz wird aber nicht nur durch das Denken geleitet. Wir erleben uns zum einen im aktiven Handeln und zum anderen im passiven Erleben durch die Geschehnisse in unserer direkten Umwelt. Durch die heutigen Medien rücken die Ereignisse in der Welt zudem näher an uns heran. All diese Ereignisse werden durch Emotionen begleitet.

Alle diese Ereignisse, vom Denken über das Handeln bis hin zum passiven Erleben unserer Welt, werden mehr oder weniger von unseren Gefühlen durchströmt. Diese Gefühlswelt zeigt sich in mannigfaltigen Qualitäten. Freude, Trauer, Angst, Liebe und Hass sind nur einige Beispiele dieser uns bekannten Gefühle. Manche Gefühle treten in Gemischtformen auf, wir sprechen von gegensätzlichem Gefühlserleben. Beispielsweise erleben wir eine partnerschaftliche Beziehung sowohl mit Zuwendung, aber es sind auch ablehnende Gefühlsinhalte zugegen. Intensive Gefühle, wie zum Beispiel die Angst können so stark erlebt werden, dass wir in unseren Handlungen erstarren beziehungsweise die Flucht ergreifen. Ebenso können starke Emotionen aber auch dazu führen, dass wir in blinder Wut und Hass aggressiv und zerstörerisch handeln. Verletzungen bis hin zu Tötungsdelikten sind dann möglich. Treten diese Emotionen mit fanatischen Gedankeninhalten zusammen auf, vielleicht sogar noch im Kollektiv, haben wir eine unheilvolle Voraussetzung für Krieg und Terror.

Gefühle können wir nicht kontrollieren, wir sind weder in der Lage, sie zu unterdrücken noch sie willentlich entstehen zu lassen. Aber wir haben ja noch unseren inneren Beobachter. Mit seiner Hilfe können wir die Gefühle betrachten und uns bewusstwerden, wann diese oder jene Gefühlsqualität auftritt. Wir können einen gewissen Einfluss auf unsere Emotionen ausüben. Wir kennen alle diese Vorgehensweisen: »Wenn ich merke, dass ich wütend werde, weil mir eine bestimmte Meinung in einer Gesprächsrunde zuwider ist, zähle ich bis 10.« – Oder ich gehe mal für zehn Minuten an die frische Luft.

Aber auch sehr freudige Emotionen haben teil unangenehme Folgen. Beim frisch Verliebtsein können schon mal die Gefühle überhandnehmen und man schwebt auf »Wolke sieben« oder sieht nur noch alles durch die »rosarote Brille«. Der Absturz ist dann sehr schmerzhaft, weil gewisse Dinge ausgeblendet wurden.

Kommen wir zurück auf den Dienst unseres inneren Beobachters. Wir betrachten unsere Gefühle, werden uns ihrer bewusst und leiten notfalls Maßnahmen ein, um uns wieder zu beruhigen. Auch hier kann uns die Atmung zu Hilfe kommen. Imaginär stellen wir uns vor, wie die Wut im Ausatmen uns verlässt und beim Einatmen Ruhe und Gelassenheit einfließt. Freudige Gefühle kann unser innerer Beobachter wohlwollend zur Kenntnis nehmen, aber auch weniger intensive Gefühle werden betrachtet.

Unsere Emotionen stehen auch im Zusammenhang mit früheren Erlebnissen. Traumatische Erlebnisse können zu intensiven Gefühlsausbrüchen führen. Der innere Beobachter betrachtet die Gefühle, bewertet sie aber nicht.

Diesen Baustein der Achtsamkeit nennen wir: **Betrachte deine Gefühle.**

Eine weitere Erlebnisqualität ist unser Verhalten. Zum einen spielen unsere inneren Faktoren wie Denken und Fühlen eine Rolle, zum anderen bestimmen die äußeren Faktoren unser Verhalten. Gezielt führen wir Aktivitäten herbei. Vom morgendlichen Aufstehen über den Gang ins Bad, das Zubereiten des Frühstücks bis hin zur Gestaltung unseres Arbeitslebens und unserer Freizeitaktivitäten. Immer aber begegnen wir Menschen, kommen in Situationen, die gewolltes und Nichtgewolltes beinhalten. Wir können Situationen ausweichen, kommen aber automatisch wieder in neue und unvorhergesehene Geschehnisse. Zu guter Letzt müssen wir uns mit den Gegebenheiten mehr oder weniger auseinandersetzen. Dann wird unser Verhalten sich im Handeln ausdrücken. Wir können aber auch in der Passivität verharren und werden allenfalls Beobachter der Situation. Dies alles wird bestimmt von unseren Entscheidungen, die wir immer wieder treffen müssen. Wir können unser Verhalten sehr bewusst erleben, es kann aber auch passieren, dass wir quasi in den Tag hineinleben, unser Verhalten nicht reflektieren und uns einfach den Dingen hingeben.

Wird mein Verhalten getragen von ethischen Grundsätzen, von Wertschätzung und Liebe? Oder sind Hass, Egoismus und Gleichgültigkeit meine Antriebsfedern? Ist mir mein Verhalten bewusst oder bin ich innerlich abwesend? Werden meine Handlungen bestimmt von meinem inneren Lebensplan oder bestimmen andere mein Leben und damit mein Verhalten? Ist mir mein Verhalten bewusst oder erlebe ich alles wie in einem Nebel? Hier kommt wieder unser innerer Beobachter ins Spiel. Mit dem inneren Beobachter betrachten wir unser Verhalten. Wir bewerten nicht, sondern führen unser Bewusstsein in unsere Verhaltensweisen. Dabei kann auch wieder unsere Atmung behilflich sein. Mit jedem Atemzug sind wir mit Ruhe und Gelassenheit näher an unserem Verhalten. Dazu können wir unsere Handlungen auch mal kurz unterbrechen und nach dieser Pause gehen wir bewusst in unsere nächsten Handlungsschritte. Wir sind mit unserem

Denken und Handeln im Einklang. Wertungsfrei betrachten wir, ob unser Verhalten uns entspricht.

Diesen Baustein der Achtsamkeit nennen wir: **Betrachte dein Verhalten, dein Handeln.**

Wir leben mit unserem Denken, Fühlen und Handeln. Wir leben aber nicht allein auf dieser Welt. Somit kommen wir immer wieder in neue Situationen. Natürlich können wir, wenn möglich, flüchten. Wir können uns aber auch den Situationen stellen. Wir erleben erfreuliche, für uns unbedeutende, aber auch unschöne und erschreckende Situationen. Mithilfe eigens gemachter Erfahrungen in unserem Leben lassen sich die unterschiedlichen momentan auftretenden Ereignisse bewusst oder unbewusst bewerten und erleben. Wer einen schweren Unfall auf der Autobahn übersteht, wird zukünftige Fahrten anders erleben als jemand, der bisher unfallfrei blieb und zudem Spaß am sportlichen Fahren hat.

Aber auch schöne Ereignisse im Leben, die uns Freude bereiten und unser Wohlbefinden fördern, können an uns vorübergehen, ohne dass wir sie wirklich erlebt haben. Wenn wir mit unseren Gedanken nicht im »Hier und Jetzt« sind, sondern sorgenvoll auf das »Morgen« schauen und wieder im Spannungsfeld zwischen »Gestern und Morgen« liegen.

Gestern haben wir mehr oder weniger schöne oder unschöne Situationen erlebt, morgen werden wir vielleicht Ähnliches erfahren. Leben tun wir aber in diesem Augenblick.

Wieder benötigen wir unseren inneren Beobachter. Wir betrachten die Situation, in der wir uns befinden. Wir bewerten nicht. Wieder kann uns unsere Atmung hierbei unterstützen. Mit jedem Atemzug werden die Geschehnisse um uns herum immer deutlicher. Vielleicht erlaubt uns die Situation auch einen kurzen Rückzug und wir können tiefenentspannt meditieren.

Diesen Baustein der Achtsamkeit nennen wir: **Ich betrachte die Situation, in der ich mich befinde.**

Wenden wir uns wieder dem Spannungsfeld zwischen »Gestern und Morgen« zu. Eine Enttäuschung kann uns ebenso im Bann des »Gestern« gefangen halten wie eine angespannte finanzielle Lage, Probleme am Arbeitsplatz, Disharmonien in der Partnerschaft, Sorgen wegen einer ernsthaften Krankheit im familiären Bereich usw. Aber auch schöne Erlebnisse wie ein toller Urlaub oder eine sehr schöne Lebenssituation können unseren Geist anhaften lassen, weil wir nicht mehr in den »grauen Alltag« zurückwollen. Natürlich wirken diese im »Gestern« entstandenen Dinge in die Gegenwart, obwohl sie nicht Gegenstand des momentanen Handelns, der augenblicklichen Situation sind. Durch das Anhaften unseres Geistes an diese Dinge werden wir sie nicht verändern. Allenfalls trübt sich unsere emotionale Stimmung mit einer sehr wahrscheinlichen negativen Wirkung auf unsere momentane Situation und Handlungsebene. Anders ausgedrückt: Wir sind nicht voll und ganz bei der Sache. Langfristig kann dies zu einer Leidenssituation bis hin zu Depressionen und Ängsten führen. Zumindest wird es sich in einer sorgenvollen und unzufriedenen Lebensqualität äußern.

Gleiches gilt auch für das Haftenbleiben im »Morgen«. Die Zukunft bleibt uns verschlossen und bringt damit unser Sicherheitsbedürfnis in Bedrängnis. Nicht nur die großen Fragen unserer Zeit, ob Klimawandel, Kriege oder wirtschaftliche Entwicklung, können uns belasten, sondern auch unsere persönliche Lebenssituation. Gesundheitliche Aspekte, Sicherheit des Arbeitsplatzes, aber auch ganz profane Dinge wie die bevorstehende Familienfeier, der geplante Urlaub oder einfach der Einkauf für die nächste Woche. All dies kann unseren Geist in den Bann ziehen und ihn anhaften lassen. Auch in diesem Fall sind wir nicht wirklich bei der Sache.

Auch ständiges gedankliches Verweilen in der Zukunft kann die Ursache eines inneren Leidens darstellen. Es geht darum, mit seinem Bewusstsein im »Hier und Jetzt« zu leben. Das heißt, wenn ich Auto fahre, fahre ich Auto. Wenn ich ein Buch lese, lese ich ein Buch. Verrichte ich gerade eine handwerkliche Tätigkeit, dann bin ich bei dieser Tätigkeit und nicht bei der Geburtstagsvorbereitung in vierzehn Tagen.

Mein gesamtes Handeln und Verhalten ist ausschließlich auf die momentane Situation ausgerichtet. Ich werde eins mit meinem Tun. Das setzt voraus, dass alle Erlebnisse wieder losgelassen werden, egal ob diese Ereignisse positive oder negative Empfindungen in uns auslösen. Natürlich werden sich manche, vor allem alltägliche, Ereignisse in gewisser oder ähnlicher Weise wiederholen. Dies bedeutet aber nichts anderes, als dass ich dann aber ohne Vorbehalte und einem wachen Geist diesen Situationen neu begegne und Freude intensiver erlebt wird, oder dass sich eventuelle Lösungsansätze leichter darstellen. Natürlich werden alte Erfahrungen in mein momentanes Handeln mit einfließen, dafür besitzen wir ja auch ein Gedächtnis und das ist gut so. Trotzdem ist es wichtig, die Dinge wieder loszulassen, um damit einen freien Raum zu schaffen. Gemachte Erfahrungen, das Loslassen und die neue Situation sollten in einem harmonischen Schwingungsfeld liegen. Natürlich werfen wir auch gewissermaßen einen Blick in die Zukunft, wenn wir etwas planen. Ganz gleich, ob wir eine Geburtstagsfeier oder eine Urlaubsreise organisieren, gedanklich ein Gespräch formulieren, das wir mit dem Chef führen wollen oder eine freudige Vorausschau auf das Wiedersehen mit einem alten Freund betreiben: Wir lösen uns nach dem gedanklichen Exkurs wieder von dem Thema und kehren in das »Hier und Jetzt« zurück. So wichtig und natürlich diese Ausflüge in die Zukunft auch sind, sie können unsere Seele nur mit Zufriedenheit füllen, wenn wir an den planerischen Ereignissen nicht haften bleiben und immer wieder zurückkehren, um unsere Zeit vordergründig im »Hier und Jetzt« zu verbringen. Gleiches gilt auch für unsere gedanklichen Exkursionen in die Vergangenheit. Egal ob wir den vergangenen Tag noch einmal Revue passieren lassen, den Streit mit dem Freund erneut reflektieren oder die wunderbaren Tage eines langen zurückliegenden Urlaubs noch mal in die Gedankenwelt einfließen lassen. Selbst wenn diese Dinge noch in die Gegenwart hineinreichen, ist es wichtig, sie lediglich zu betrachten, ohne an ihnen zu haften. Dies kann und sollte dann immer wieder wertfrei und mit Ruhe und Gelassenheit gelingen. Ein paar Gedanken möchte ich noch zu dem »Hier und Jetzt« ins Spiel bringen. Im »Hier und Jetzt« sehe ich die individuelle und kollektive Zeitqualität der Gegenwart. Kollektiv erleben wir zum Beispiel die Klimakrise, gemeinsam mit der Familie einen schönen Urlaubstag oder persönlich-individuell das Zubereiten einer Mahlzeit.

Diese Zeitqualität, also inhaltliche Ereignisse und Gegebenheiten, die in einem momentanen Zeitfenster existent sind, bieten mannigfaltige gleichzeitige Erlebnismöglichkeiten. Habituell kann ich mich damit punktuell oder flächenförmig auf die Inhalte der Zeitqualität konzentrieren. In diesem Zusammenhang bildet sich natürlich auch der räumliche Faktor ab. Ich möchte dies an einem Beispiel zeigen:

Folgende Situation: Sie sitzen mit einem Buch in einem gemütlichen Sessel. Das Wohnzimmer ist wohlig-warm, im Ofen brennt ein Feuer und die Flammen werfen ein flackerndes Licht in den Raum, eine Duftkerze verbreitet ein angenehmes Aroma. Neben Ihnen steht ein Glas Rotwein. Es ist Anfang Dezember, die Dämmerung ist fortgeschritten, draußen ist es kalt und ein paar Schneeflocken rieseln am Fenster vorbei. Die Kirchenglocken läuten den frühen Abend ein. Vor einer Stunde kam in den Nachrichten die

Mitteilung, dass ein Flugzeug abgestürzt sei und es keine Überlebenden gibt.

Was bedeutet das für unser »Hier und Jetzt«? Punktuell lese ich mein Buch und bin ganz auf den Inhalt konzentriert. Ich kann aber auch ein Wohlfühlen durch die Ofenwärme, die Lichtspiele der Flammen und den angenehmen Kerzenduft erleben. Das wäre ein eher flächenmäßiges Erleben. Natürlich wird der Fokus auf das Buch in diesem Moment etwas abgeschwächt. Trotzdem sind wir im »Hier und Jetzt«. Legen wir das Buch für einen Moment aus der Hand, betrachten die Schneeflocken vor dem Fenster und lauschen den Kirchenglocken, so sind wir immer noch im »Hier und Jetzt«. Wir haben den Fokus verändert und erleben unsere Wahrnehmung in räumlicher Entfernung. Wenn unsere Gedanken für einen Augenblick bei den Opfern und Angehörigen des Flugzeugabsturzes verweilen, ist dies räumlich nicht mehr in unserem Wahrnehmungsbereich der körperlichen Sinne. Trotzdem ist dieses Unglück ein Ereignis im »Hier und Jetzt« aus dem Blickwinkel unserer Weltbevölkerung, sprich aller Menschen. Viele Menschen werden in diesem Augenblick auch, mit mir, an die Opfer und Angehörigen denken. Hier geschieht ein gemeinsames Bewusstsein, ein Bewusstsein im kollektiven Sinne.

Hier können noch viele eigens gestaltete Beispiele aufgeführt werden, um ein Verständnis für das Bewusstsein im »Hier und Jetzt« zu erfahren.

Diesen Baustein der Achtsamkeit nennen wir: **Ich lebe mit einem tiefen Bewusstsein im »Hier und Jetzt«.**

Wie verhalte ich mich in meinem Alltag? Handle ich impulsiv, wenn mir einer die Vorfahrt genommen hat? Lebe ich unreflektiert in den Tag hinein oder bin ich stets um meinen Vorteil bemüht? Verletze ich die Gefühle der anderen oder ist mein Verhalten von Besonnenheit geprägt? Es geht darum, sich seiner Handlungen im Ausdruck der daraus resultierenden Folgen bewusst zu sein. Dazu gehört eine wertschätzende Haltung gegenüber allen Individuen und somit der Schöpfung. Sein eigenes Handeln reflektieren, aus Fehlern lernen und eine bewusste Steuerung eigenen Verhaltens stellt einen achtsamen Weg dar.

Diesen Baustein der Achtsamkeit nennen wir: **Handle achtsam.**

Kommen wir zum letzten Baustein der Achtsamkeit.

Natürlich können wir aus einem tiefen Bewusstsein heraus im »Hier und Jetzt« leben und trotzdem unsere Gesinnung nach Macht und Gier befriedigen. Wir können Menschen täuschen, ihnen unser Wohlwollen unter dem Aspekt des eigenen Vorteils manipulativ vortragen. Unser Bewusstsein sollte uns immer die Dimensionen der Weisheit vergegenwärtigen und diese inhaltlich in die eigene Denkweise einfließen lassen. Genauso steht es mit dem Phänomen einer allumfassenden Liebe, einer Liebe, die nicht objektgebunden ist, sondern in der Bindung zum »höheren Selbst« besteht.

Diesen Baustein der Achtsamkeit nennen wir: **Handle in Liebe und Weisheit.**

Mit diesen acht Bausteinen habe ich die Achtsamkeit beschrieben. Wir werden es natürlich nicht schaffen, diese sofort in ihrer Vollkommenheit zu leben. Aber es wäre schon ein großer Schritt, sich mit seinem Bewusstsein in diese Bausteine zu begeben und damit auf den Weg zu gehen.

Für dieses Rad des Lebens wurde damit die Nabe, sprich die Achtsamkeit, eingehend erläutert.

Die Speichen

Kommen wir zu dem nächsten Teil des Rades, den **Speichen.**
Die oben genannten Speichen sind: Freiheit, Freude, Frieden, Dienen, Demut und Dankbarkeit.

Freiheit

Was bedeutet überhaupt Freiheit? Fakt ist, wir als Menschen können keine vollkommene Freiheit erlangen. Wenn wir an unsere »Körper-Behinderung« denken, schließt sich das mit Sicherheit aus. Wir können der Freiheit allenfalls ein Stück näherkommen.

Wir sollten die Freiheit zunächst unter drei Aspekten betrachten. Zum einen die äußere und zum anderen die innere Freiheit und des Weiteren ihren Gegenspieler, die Gefangenschaft.

Wir leben in einer begrenzten Welt, können unsere Erde nicht ohne Hilfsmittel einfach so verlassen. Aber auch dieses Unterfangen ist derzeit technisch nur sehr begrenzt möglich. Es bleibt nur der Aufenthalt auf unserem Planeten, einem winzigen Staubkorn in den unendlichen Weiten des Kosmos. Ganz zu schweigen von der Unermesslichkeit des Jenseitigen. Aber auch unsere so vertraute Erde zeigt uns unsere Grenzen. Der größte Teil unseres Planeten besteht aus Ozeanen, die uns allenfalls auch wieder nur mit technischen Hilfsmitteln Zugang gewähren. Bleibt uns also noch das Festland. Die arktischen Kontinente, die höchsten Berggipfel und die Wüsten schränken uns ebenfalls erheblich ein. Der dann verbleibende Rest bietet uns die Möglichkeit, uns einigermaßen frei zu entfalten. Klimatische Bedingungen in Form von Wärme und Kälte, aber auch ein Tag-Nacht-Rhythmus verlangen nach Hilfsmitteln wie Kleidung, Leuchtkörpern, Häusern und letztlich benötigen wir auch den Erwerb von Nahrung, um unseren Körper gesund und leistungsfähig zu halten. Erst die modernen Verkehrsmittel erlauben uns, auch größere Entfernung in einer relativ kurzen Zeit zu bewältigen. Fazit: Die »Gefangenschaft« in unserem Körper lässt keine grenzenlose Freiheit zu. Aber trotzdem ist ein Maß an Freiheit möglich und wir sollten unter Akzeptanz der von uns erlebten Wirklichkeit diese auch erfahren und leben. Auch ein Fisch fühlt sich im Wasser am wohlsten. Die äußeren Freiheiten werden jedoch auch durch einen anderen wesentlichen Faktor beeinflusst: den Menschen. Einengung zeigt sich in der Bildung von Staaten mit ihren Grenzen und teilweise willkürlichen Gesetzen. Vor allem totalitäre Machtstrukturen behindern Menschen in ihren freien äußeren Bewegungen. Denken wir nur an die ehemalige innerdeutsche Grenze mit Mauer und Schießbefehl. Totalitäre Gesetze mit drakonischen Strafen stellen ein Gefangensein versus äußere Freiheit dar. Selbst in demokratischen Staaten rufen manche Gesetze ein Kopfschütteln hervor. Andererseits sind Regeln und Gesetze ein wichtiger Bestandteil für die Freiheit.

Der freie Wille stellt den Keim zur Freiheit dar, der in der wahren und ehrlichen Determination als Weg zur Entfaltung gelangt.

Alle möglichen Einschränkungen der äußeren Freiheit hier aufzuzählen würde den Rahmen sprengen. Jeder von uns kann unzählige Dinge nennen, die die äußere Freiheit einschränken. Allerdings möchte ich an dieser Stelle an das Phänomen *Wahrheit-Wirklichkeit* erinnern. Für manche Zeitgenossen stellen Radarfallen einen erheblichen Eingriff in ihre äußere Freiheit dar. Sie fühlen sich *frei,* **wenn** sie ungehindert durch die Gegend rasen können. Dabei gefährden sie sich und andere, was sie billigend in Kauf nehmen. Sie schränken die äußere Freiheit der anderen ein. Zum Schutz ihres Selbst und auch der anderen Verkehrsteilnehmer können die entsprechenden sinnvollen Regeln wie Geschwindigkeitsvorschriften und die damit verbundenen Kontrollen sowie sonstigen Verkehrssicherheitsmaßnahmen eine **wahre Determination** darstellen. Sicherheit, und damit **freie** Entfaltung im Straßenverkehr, für alle. Wir sollten deshalb in allen Lebensbereichen kritisch hinterfragen, ob diese Art von äußerer Freiheit, wie ich sie will, nur meiner Wirklichkeit entspringt und meilenweit von der *Wahrheit* entfernt ist. Bei unserem Beispiel würde unser Raser bei einem Unfall die »Gefangenschaft« in einem Rollstuhl riskieren. Nur die wahre und ehrliche Determination kann letztendlich die Freiheit gewähren.

Kommen wir zur inneren Freiheit.

Das Gefühl der Freiheit ist eine hohe Erlebnisqualität und kann als eine Form von Glückseligkeit gesehen werden. Dieses tiefe und erlöste Freiheitsbewusstsein kann gänzlich unabhängig von den äußeren Umständen sein. Das heißt, ein Mensch der in seiner Wesenheit in diesem höheren Selbst verweilt, wird diese Erlebnisqualität auch in seinem Bewusstsein tragen, wenn er eingesperrt und/oder unterdrückt wird. Diese Seelen wird man nicht brechen. Aber dies ist der Idealfall – die Wirklichkeit erleben wir anders.

Wenn wir als mehr oder weniger fragile Lebewesen diese Welt betreten und dann auch noch traumatische Erlebnisse erfahren, rückt unser Freiheitsbewusstsein/-gefühl arg in den Hintergrund. Traumatische Erlebnisse können Misshandlungen in der Kindheit, Mobbing in der Schule und am Arbeitsplatz, aber auch Kriege, Gewaltverbrechen und schwere Unfälle sein. Traumatische Ereignisse können dazu führen, dass wir die Fähigkeit zur Vertrauensbildung weitgehend verlieren und uns nur sehr unsicher in unserer Lebenswelt bewegen. Kennzeichnend dafür stehen hier diverse Angststörungen, Depressionen, Zwangserkrankungen und andere mögliche Störungen im seelischen Bereich. Aber auch andere Problematiken führen uns zu einem Weg aus der Freiheit heraus. Das Ego vs. das Selbst zeigt Bedürfnisse, die gekennzeichnet sind von Habgier, Machtstreben und Rücksichtslosigkeit und somit zu einem Handlungszwang, der uns allenfalls eine Pseudofreiheit beschert. Ein Freiheitsgefühl, das uns nur kurzfristig Erfüllung gibt. Im Volksmund heißt es nicht umsonst: Geld allein macht nicht glücklich! Natürlich gibt es noch weitere Faktoren die uns der inneren Freiheit berauben. Ich will diese hier nicht alle aufführen. Jeder selbst kann beim Durchstöbern der eigenen Lebensbiografie herausfinden, was einem die Freiheit raubt.

All diese Störungen stehen für das Gegenteil der inneren Freiheit, und deren Überwindung erfordert den Prozess einer Transformation. Ein Weg, der im entsprechenden Kapitel zur Sprache kommt.

Freude

Mit der Freude meine ich eine tiefe Lebensqualität in Form von Lebensfreude. Wir dürfen dies nicht verwechseln mit der eher oberflächlichen Stimmungslage von Spaß. Wir kennen alle den allgemeinen Sprachgebrauch von einer Spaßgesellschaft, in der man sich auch auf Kosten anderer vergnügt. Ob gemeinsam bei einer ausgelassenen Feierlichkeit oder allein mit vergnüglichen Aktivitäten, wenn der Alltag wieder Einkehr hält, flacht die emotionale Hochstimmung in den meisten Fällen wieder ab. Der Spaß ist in der Regel an gewisse Objekte oder Aktivitäten gebunden. Dagegen meint die Lebensfreude eine emotionale Grundhaltung die unabhängig und frei ist. Natürlich können schöne Lebenssituationen der Lebensfreude zusätzlich Unterstützung bieten. Neben der freien Lebensfreude gehört auch die Freude am eigenen Tun, zum Beispiel die Ausübung seiner beruflichen Tätigkeit sowie die Erledigung der alltäglichen Dinge, dazu. Natürlich ist es förderlich, wenn wir von klein auf darin unterstützt werden, unsere geistigen und motorischen Fähigkeiten in einem wohlwollenden Klima zu erproben und zu entwickeln. Ein Klima, in dem *Fehler* nicht als etwas Schlechtes gesehen werden, sondern als ein positiver Aspekt, der uns das *Fehlende* als Möglichkeit der Entwicklung vor Augen führt. Zur Lebensfreude gehört es natürlich, im Gegensatz zu dem Ego-gesteuerten Spaßhaben, dass wir uns über die positiven Erfolge und Erlebnisse der anderen mitfreuen. Auch seinen Mitmenschen eine Freude zu bereiten und sich an den kleinen Dingen des Alltags zu erbauen mit einer lebensbejahenden und optimistischen Ausstrahlung ist ein Merkmal tiefer Lebensfreude. Natürlich können Schicksalsschläge die Lebensfreude trüben, aber letztendlich wird sie sich immer wieder erheben und unsere Seele erhellen.

Ganz im Gegensatz steht die Traurigkeit und eine pessimistische und gleichgültige Grundhaltung. Man erlebt die Welt als grau und trostlos. Allenfalls werden die alltäglichen Pflichten erfüllt, schlimmstenfalls verfällt man in die Depression. Natürlich ist dieser Zustand geprägt vom Ego, oft als Ausdruck eines Selbstmitleides infolge nicht erfahrener positiver Zuwendung bei der kindlichen Eroberung der Welt. Auch hier ist die Transformation als Weg in die Lebensfreude angesagt.

Frieden

Hier müssen wir auch wieder von einem inneren und einem äußeren Frieden sprechen.

Der innere Frieden ist eine Lebensqualität, die eine tiefe Zufriedenheit in der inneren Haltung zum Ausdruck bringt. Sie beschert uns eine Ausgeglichenheit, in der wir das Gefühl haben, in unserer eigenen Mitte zu ruhen. Es scheint, als könnte uns nichts aus dem Gleichgewicht bringen. Wir begegnen unseren Mitgeschöpfen friedvoll mit Achtung, Respekt und Wertschätzung. Auch in Konfliktsituationen, in denen wir den äußeren Frieden schaffen wollen, bleiben wir gelassen und wohlwollend. Wir suchen nicht den eigenen Vorteil, sondern sind um gerechte Lösungen bestrebt. Frieden heißt letztendlich, in einem harmonischen Miteinander die Schöpfung zu leben und zu gestalten. Wir dürfen dies nicht mit einer Pseudo-Friedfertigkeit verwechseln, indem Menschen in einer ängstlichen Zurückhaltung und um des »lieben Friedens willen« alles über sich und andere ergehen lassen. In diesem Fall ist die innere Lebensqualität nicht *Frieden,* sondern *Angst.*

Der Gegenspieler des Friedens ist der Hass, die Gewalt und die Zerstörung. Uns allen sind die Merkmale dieser drei Eigenschaften bekannt. In der eigenen Seele zeigen sie sich in einer destruktiven, aggressiven und verblendeten Haltung und Lebensqualität. Kommen sie zum Ausbruch, zeigen sich die Folgen in Zerstörung und Leid, ganz gleich ob sie handgreiflich oder verbal zum Ausdruck kommen, ob sie in Hasstiraden oder versteckter Manipulation gelebt werden. Auf der großen Weltbühne erleben wir den Hass und die Gewalt in Form von Kriegen, Terror und Feindseligkeit. Die Zerstörung, oft mit den Triebfedern Gier und Macht einhergehend, erleben wir als die Ausbeutung von Rohstoffen, Verseuchung unserer Erde mit Chemikalien und Gasen, und letztendlich die Misshandlung von Lebewesen in Form von Massentierhaltung, Ausrottung und Ausbeutung von Menschen.

Die Transformation in den Frieden ist ein sehr wichtiger Aspekt in unseren Seelen.

Dienen

Auf den ersten Blick hat das Dienen ja etwas Unterwürfiges. Denken wir, zum Beispiel im Märchen, an das Bild vom König oder der Prinzessin, die nach der Dienerschaft rufen und sich bedienen lassen. Unser visueller Brennpunkt als Betrachter dieser Szene wird immer auf der Herrlichkeit des Königs oder der Prinzessin liegen. – Die Dienerschaft bildet den Rand, das Unbedeutende.

Wenn sich uns jemand als Leiter oder Manager eines Wirtschaftsunternehmens vorstellt, werden wir sehr wahrscheinlich mit mehr Achtung und Respekt reagieren als bei jemandem, der sich als Bedienkraft in einem Schnellimbiss ausgibt. Unser Ego möchte aber Ansehen und Bewunderung, manchmal auch um jeden Preis. Wir wollen unseren Blick aber nicht auf der Oberfläche verweilen lassen, sondern in die tieferen Bewusstseinsschichten vordringen. Betrachten wir zunächst die unerlösten Anteile des Dienens. Da wäre zum einen der Mensch, der sich unterwürfig und anbietend einem anderen ausliefert. Bereit, sich auch erniedrigen zu lassen, körperlich und/oder verbal. Diametral gegenüber dem Dienen steht der Herrschende, der andere unterwirft und nur dem Gesetz des eigenen Egos folgt. Dies ist gekennzeichnet von Rücksichtslosigkeit, indem nur die eigenen Interessen und Bedürfnisse in den Mittelpunkt gestellt werden. Die gesellschaftliche Stellung unseres »Tyrannen« finden wir in allen

Schichten. Wer nicht in der Lage ist, dies im beruflichen Alltag aufgrund fehlender Position zu verwirklichen, wird es vielleicht in der Familie ausleben. Je höher ein solcher Mensch in der Gesellschaft positioniert ist, desto mehr Gefahr kann von ihm ausgehen. Denken wir an hohe wirtschaftliche oder politische Ämter. Kommen wir nun zu dem erlösten Anteil des Dienens. Hier spielt es keine Rolle, welche gesellschaftliche Stellung jemand innehat Eigentlich müsste man sogar sagen: Je höher und verantwortungsvoller, desto besser. In dem erlösten Dienen finden wir die Bereitschaft, für andere da zu sein, zu geben, ohne sich selbst zu verlieren.

Dem Wohl der Allgemeinheit dienen, die Nöte des Einzelnen erkennen und helfend zur Seite zu stehen, das sind die edlen Grundlagen des Dienens. Menschen, die dieses Prinzip in ihrem Alltag praktizieren, leben ihr Selbst, leben in einer tiefen Verbundenheit mit der Schöpfung. Sie finden in dieser Lebensweise ihr eigenes Glück und ihre eigene Zufriedenheit.

Wie würde unsere Welt aussehen, wenn das erlöste Dienen sich in einem großen Anteil unseres Handelns niederschlagen würde.

Demut

Ähnlich wie im Dienen kann man auch in der Demut wahre Größe ausdrücken. In der Demut liegt die Bescheidenheit der eigenen Ansprüche gegenüber dem ganzen Sein in seiner unvorstellbaren Größe und Vollkommenheit, aber auch im Bewusstsein, Teil dieses Ganzen zu sein. Man erlebt im Kernbewusstsein die Oszillation vom allumfassenden göttlichen Sein und der erlebenden Individualität. Letzteres bedingt sich durch unsere Körperlichkeit. Anmerken möchte ich an dieser Stelle, dass wir durch unsere körperbedingte Wahrnehmung in unserem Bewusstsein einer Wirklichkeit unterliegen, die uns ein räumliches Bild liefert, in dem auf der einen Seite die menschliche Existenz ihr zu Hause hat und auf der anderen Seite das Göttliche existiert. Wenn wir aber zu der Auffassung gelangen, dass das göttliche Sein ohne Raum und Zeit, also schon immer und ewig ist, können wir es aber auf der anderen Seite nicht durch obige Vorstellung begrenzen. – Das wäre paradox. Wieder zeigt sich die Phänomenologie unserer *Körper-Behinderung* und unser *Wirklichkeit-Wahrheit*-Bewusstsein. In der Demut kann ich die wahre Größe des eigenen Seins in der Ganzheit erkennen. Dies gelingt aber nur, wenn mir bewusst ist, dass ich mit allem verbunden bin und dass ich ein Teil von jedem und jeder ein Teil von mir ist. Was aber heißt das für unser Alltagsbewusstsein? Da gibt es ja den Menschen, den man liebt, alle, zu denen wir eine mehr oder weniger tiefe Freundschaft pflegen, mehr oder weniger nette Kollegen am Arbeitsplatz, im Verein usw. Und es gibt die Menschen, denen man ab und zu im Alltag begegnet. Die Vorstellung, mit diesen Menschen auf einer höheren Ebene tief verbunden zu sein, ist durchaus möglich und denkbar. – Aber: Da gibt es vielleicht aber auch den widerlichen Nachbarn, den rücksichtslosen Vorgesetzten, den Einbrecher, den Kinderschänder, den Mörder, den massenmordenden Kriegsverbrecher. Wir könnten diese Liste beliebig fortsetzen an Untaten, die die Menschheit in Abscheu und Schrecken versetzen. – Und: Mit denen soll ich verbunden sein? Dieser ist ein Teil von mir und ich ein Teil von ihm? Ja – genau so ist es. Und es stellt sich hier auch die Frage: Welche Anteile an dem Geschehen in dieser Welt habe ich? Welchen Einfluss haben meine Haltungen und Handlungen auf direktem und indirektem Weg genommen? Menschen stehen über viele kommunikative Wege im Kontakt, eigens geäußerte Meinungen und Überzeugungen können über andere als Verstärkung wirken und sich andernorts als Gewalt niederschlagen. Ausgrenzung, Macht, Gier und Konkurrenzdenken im eigenen Denken und Handeln können als steter Tropfen in unseren Mitmenschen gewaltige Spuren hinterlassen und in ein Meer von Leid und Gewalt führen. Wir sind die anderen – die anderen sind wir. Es gibt aber auch die unerlöste Form der Demut. Zum einen ist es die Unterwürfigkeit und Selbstaufgabe, in der ich meine Selbstachtung verliere. Ich bin nicht mehr ich selbst, sondern biete der Fremdbestimmung ein Feld und handle wie eine Marionette, bei der die anderen die Fäden ziehen. Es fehlt der Mut zur Selbstbehauptung und damit die Möglichkeit, die eigenen Ansichten und Interessen zu vertreten. Zum anderen kennen wir den Übermut und die Überheblichkeit, sich über die Bedürfnisse der anderen hinwegzusetzen und die eigenen Interessen rücksichtslos in den Raum zu stellen.

Auch hier bietet sich das Feld der Transformation, um auf den Weg der Demut zu gelangen.

Dankbarkeit

Unser Planet schenkt uns Rohstoffe, Nahrung und Raum für unsere Existenz. Diese grundlegenden Dinge können wir als selbstverständlich hinnehmen oder als Geschenk dankbar annehmen.

Wir Menschen haben den gesamten Planeten erobert und ihn uns untergeordnet. Doch welche Eigenschaften, die wir bisher im »Rad des Lebens« beschrieben haben, finden wir vor?

Die Antwort kann sich jeder selbst geben. Wir stehen am Anfang einer Klimakatastrophe, deren völliges Ausmaß noch nicht bis ins Detail erfasst werden kann, aber mit Sicherheit viel Leid über unsere Schöpfung bringen wird. Die Ozeane sind stark verschmutzt und die Rohstoffe werden gierig geplündert und dem Mammon Geld geopfert. Wir führen Kriege und unterdrücken Menschen im Namen von Religion, Ideologien, wirtschaftlichen Interessen und Machtstreben. Überzogener und dekadenter Konsum auf der einen Seite und Verarmung und Hungertod auf der anderen Seite.

Ständig sind wir auf der Suche nach einer Glückseligkeit, einem Grundbedürfnis der Seele. Leider sind wir auf einem Irrweg, der uns letztendlich leidvolle Erfahrungen in vielerlei Hinsicht bescheren wird. Materiell-existentiell durch die sich immer deutlicher abzeichnende Klimakatastrophe mit all ihrer zerstörerischen Wirkung bis hin in den seelisch-geistigen Bereich mit Depressionen, Ängsten und Burn-out. Natürlich wollen wir was ändern, wollen wir was dafür tun. – Nur, wir wollen uns selbst nicht ändern. Also werden wir scheitern! Wir müssen weg vom egozentrischen: Ich will haben.

Wir müssen lernen: Ich bin dankbar.

Unsere Welt bietet mannigfaltige Gelegenheiten zur Dankbarkeit. Es sind die kleinen alltäglichen Dinge, die Anlässe für eine tiefe Dankbarkeit geben. Sehen wir das morgendliche Duschbad und das folgende Frühstück lediglich als Selbstverständlichkeit, weil wir gedanklich sowieso schon im Büro sitzen oder nehmen wir es mit tiefem Bewusstsein und tiefer Dankbarkeit war. Sehen wir noch einen Sonnenaufgang, hören den Gesang eines Vogels, riechen den Duft einer Blumenwiese oder schmecken das Aroma einer selbstgepflückten Erdbeere? Wir könnten an dieser Stelle noch viele Dinge nennen, die uns Anlass für eine tiefe Dankbarkeit geben können.

Wenn ich aus dem Fenster eines dahinrasenden Schnellzuges blicke, werde ich keine Schmetterlinge sehen. Vielleicht sollten wir mal aus unserem alltäglichen Eilzug aussteigen, den Geist zur Ruhe kommen lassen und ihn erneut in die Welt einfließen lassen. Aber dann mit dem Auftrag, die

Dinge der Welt mit der Fähigkeit der eigenen Dankbarkeit zu verbinden. – Mit dieser Art des Umgangs mit der eigenen Dankbarkeit werden wir dem Gefühl und Bewusstsein von Glück sehr viel näher kommen.

Unterscheiden müssen wir die oben genannte Dankbarkeit von der unerlösten Form.

Damit meine ich zum einen die unehrliche Dankbarkeit, die uns nicht selten im Alltag begegnet. Wenn uns jemand nach unserer Befindlichkeit fragt und wir die Antwort »Gut« geben, obwohl es uns alles andere als gut geht. Aber es scheint, als sei dies gesellschaftlich wirklich salonfähig. Meiner Meinung nach ist dies aber auch ein Ausdruck einer oberflächlichen Lebensart.

Zum anderen steht der Dankbarkeit die Selbstverständlichkeit gegenüber. Diese kann noch begleitet sein von Eigenschaften wie zum Beispiel der Gier. Diese Menschen nehmen, was sie kriegen können, und wollen immer mehr. Sie erleben allenfalls einen kurzen Anfall von Freude, der aber wieder schnell versiegt, um nach Neuem Ausschau zu halten.

Die Transformationsarbeit im Thema Dankbarkeit kann den Weg für eine glücklichere Zukunft ebnen.

Wenden wir uns dem letzten Teil des Rades zu: dem Reifen.

Liebe und Weisheit

Mit der grenzenlosen Liebe vollzieht sich die Vollkommenheit des Seins und wird damit gleichzeitig zur Bewusstheit einer vollkommenen Wahrheit in der Weisheit eines höheren Selbst.

Was bringen wir mit dieser Aussage zum Ausdruck?

Wir sprechen von grenzenloser Liebe. Damit übersteigen wir die Dimension des Raum-Zeit-Kontinuums und fließen in ein Bewusstsein von Gleichzeitigkeit und Unendlichkeit. Man könnte es als das göttliche Sein bezeichnen.

Dieses Bewusstsein ist uns zwar gegeben, wird aber durch unseren materialistischen Kosmos an der freien Entfaltung gehindert. Denken wir in diesem Zusammenhang an unsere *Körper-Behinderung.* Die kosmischen Kräfte der Traktion und Evolution bedingen eine Entwicklung zu einer sich selbst erkennenden Bewusstheit. Der Kosmos erkennt sich wieder in seiner Schöpfung, überwindet sein Raum-Zeit-Materie-Kontinuum sowie sein dualistisches Gefüge und wird wieder Einheit.

Dies alles wird noch geschehen und ist schon geschehen. Das Raum-Zeit-Materie-Kontinuum sowie die Existenz der Gleichzeitigkeit und Unendlichkeit würden normalerweise nur ein Entweder- oder ermöglichen. Wir jedoch streben und sehnen uns nach der »Wahrheit«. Wir erleben aber aktuell und subjektiv nur ein Zeitfenster, in dem wir Zeugen unserer Handlungsfelder sind. Damit ist die unmittelbare und mittelbare Situation gemeint, die wir als momentane Erlebens- und Existenzsituation empfinden und beschreiben können. Historisches und Ursprüngliches obliegt der Erinnerung oder der Erforschung. In Hinsicht auf unseren Kosmos sehen wir die ursprüngliche Entstehung im Urknall. Die Zukunft bleibt uns verborgen, allenfalls werden Theorien in den Raum gestellt, wie der Kosmos eventuell enden wird. Dies sehen wir aber alles nur im Zusammenhang mit Materie. Geist ist für uns noch ein Rätsel, zumindest nach den Regeln und Erkenntnissen der Wissenschaft. Aber es offenbaren sich immer wieder Weisheiten und Wahrheiten hinein in unseren Kosmos und finden Niederschlag im Bewusstsein. Ich spreche hier von Bewusstsein – nicht vom Gehirn! Kommen wir zurück zur Liebe. Wie gestaltet sie sich in unserer Welt?

Wir erleben die Liebe hauptsächlich in objektgebundener

Form. Verspüren die Liebe zur Natur, zu Gegenständlichem wie Autos, Bilder, Geld und auch zu Mitmenschen und Haustieren. Hier findet sich auch eine Form der Liebe, die ich als »Eros« bezeichnen möchte. Diese Art von Liebe entspricht aber nicht der großen, wahrhaften und unbegrenzten Liebe, diese Art von Liebe ist unvollkommen. Ein charakteristisches Merkmal dieser Unvollkommenheit der Liebe ist die Umkehrmöglichkeit in Hass. Wir alle kennen diese Vorkommnisse, in der eine »große Liebe« in Hass umschlägt. Dieses Phänomen ist der wahren Liebe nicht möglich. Sie ist an kein Objekt gebunden und ist grenzenlos und ewig, wohl aber kann sie Objekte oder Menschen durchströmen, nicht aber an ihr haften. Die wahre Liebe ist frei vom »Ego« und ist ein signifikantes Merkmal des »Selbst«, in vollendeter Form des »höheren Selbst«. Wir erfahren in unserem Alltag diese höhere Form der Liebe im Mitgefühl zu unseren Mitgeschöpfen, in ehrlicher Fürsorge und Hilfsbereitschaft sowie in einer an nichts gebundenen Zuwendung. Die Weisheit findet letztendlich ihren Ausdruck in der wahren Liebe, und die Liebe bedingt in der Weisheit eine Bewusstheit des höheren Seins. Der Geist ist diese Liebe und dieses Bewusstsein und schöpft aus sich heraus Wesenhaftigkeit und gelangt damit zur Darstellung seines Selbst. In der Transformationsarbeit gilt es, die objektgebundene Liebe und die damit verbundene Möglichkeit des Hasses zu überwinden. Eine Aufgabe, die einen langen Weg gehen muss.

Mit dem Abschluss des »Rades« kommen wir zu einem weiteren Merkmal: die Fahrt durch Raum und Zeit. All seine Eigenschaften, ob erlöst oder unerlöst, hinterlassen Spuren in Raum und Zeit. Sind meine Handlungen von Hass oder Liebe geprägt, lebe ich ein egozentrisches Weltbild, mit dem ich auch einen krankhaften Charakter ausdrücke, oder ist meine Haltung von Altruismus geprägt?

All unsere Handlungen hinterlassen Spuren, denen wir auf unserer langen Reise durch Raum und Zeit wieder irgendwann schicksalhaft begegnen. Aber auf unserer Reise werden uns auch viele Ereignisse begegnen, freudige und leidvolle. Natürlich möchten wir im Vorhinein den sicheren Weg wählen und gehen. Aber das ist eine Illusion; es gibt in diesem irdischen Leben keine Sicherheiten. Wer dennoch danach strebt, läuft Gefahr, einen von Angst geprägten Lebensweg zu gehen und vielleicht auch entscheidende Erfahrungen nicht zu erleben. Anstelle eines Sicherheitsbedürfnisses sollten wir den vor uns liegenden Lebensweg mit Vertrauen beschreiten. Dabei halte ich es für wichtig, dass das Vertrauen nicht an irgendeine Voraussetzung geknüpft wird. Eine Aussage diesbezüglich wäre: »Ich schenke dir Vertrauen, ohne etwas zu erwarten. Ich überlasse es dir, das Vertrauen zu missbrauchen. Dieses lasse ich aber dann auch bei dir. Ich bin jedoch immer wieder bereit, dir Vertrauen zu schenken.« Wie schon erwähnt, kann sich jeder sein individuelles »Rad des Lebens« für die Transformationsarbeit erstellen; dies oben genannte ist nur ein Beispiel. Wir können auch mehrere »Räder des Lebens« mit unseren Eigenschaften, Bedürfnissen, Fähigkeiten und Unzulänglichkeiten abbilden. Letztendlich sind sie ein Hilfsmittel, um unser Individuum auf dem Weg »Wer bin ich? – Wo komme ich her? – Wo gehe ich hin?« besser zu verstehen.

Ganz gleich, wie sich das Rad des Lebens auch immer darstellt, ob erlöst oder unerlöst:

Die Spur, die das Rad des Lebens als Abdruck in Raum und Zeit hinterlässt wird, zum schicksalhaften Weg unserer eigenen Zukunft.

Gestalt und Bewusstsein

In den vorhergehenden Kapiteln haben wir uns schon mit den Phänomenen Geist, Seele und Bewusstsein ansatzweise beschäftigt. In diesem Kapitel möchte ich nun konkret auf diese Phänome eingehen.

Was ist Bewusstsein?

Eine Frage, die noch immer die Wissenschaft beschäftigt und noch immer mit dem gleichen Resultat endet: Wir wissen es nicht! Dafür wissen wir viel, aus materieller Sichtweise, über den Aufbau unserer Welt. Von den Galaxien bis hin zu den Protonen haben wir unsere Beobachtungen erfasst und durch Forschungen als unser Wissen manifestiert. Wir haben unseren Planeten vermessen, Pflanzen und Lebewesen bis ins Detail untersucht und sogar unsere Verhaltensweisen erforscht und wissenschaftlich dargestellt. Diesbezüglich haben wir viele wissenschaftliche Bereiche geschaffen. Egal ob Biologie, Physik, Chemie oder Psychologie, um nur einige zu nennen, sie dienen allesamt dazu, unsere Existenz zu erkunden und zu verstehen. Natürlich sind hat die Wissenschaft großartige Leistungen vollbracht und sie vollbringt sie noch immer. Aber immer wieder kommen wir an unsere Grenzen. Warum ist das so? Nun gut – alles geht halt nur Schritt für Schritt und eins baut auf dem anderen auf. Manches braucht einfach seine Zeit und bisweilen ein Genie. Anderes scheint für uns wie zugenagelt. Eins davon ist das – Bewusstsein –.

Gehen wir mal auf eine andere Betrachtungsebene und beziehen in unser Gedankenspiel quantenphysikalische Überlegungen mit ein. Auf unserem Planeten leben über 7,5 Milliarden Menschen. Jeder dieser Menschen ist für sich genommen ein sich selbst bewusstes Wesen. Hat also ein Bewusstsein! Die Menschen sind auf dem Planeten sehr unterschiedlich verteilt. Wir haben urbane Ballungszentren, aber auch fast menschenleere Regionen wie zum Beispiel die Arktis oder die Wüsten. Gänzlich ohne menschliche Anwesenheit sind die Ozeane. Jetzt stellen wir uns vor, wir könnten Teilhabe an allen momentanen Bewusstseinsinhalten aller Menschen haben. Das heißt alle Bewusstseinsinhalte von Gedanken, wahrgenommenen Emotionen und Erlebnisqualitäten unserer Sinnesorgane, die von über 7,5 Milliarden Menschen, in unterschiedlichen Situationen befindlich, in diesem Augenblick sich als Bewusstsein darstellen und von einem Einzelnen erfasst werden können.

Da fehlt wohl den meisten Menschen die Vorstellungskraft ob eines derartigen Unterfangens.

Aber wir sind noch nicht am Ende unseres Gedankenspiels. Wenn wir jetzt noch das Raum-Zeit-Kontinuum verlassen, kämen noch die Bewusstseinsinhalte aller jemals gelebten Menschen sowie aller zukünftig hier lebenden Menschen hinzu. Natürlich kämen auch die von jedem Menschen erlebten Bewusstseinsinhalte seit seiner Geburt hinzu. Unvorstellbar!

Aber das ist noch gar nichts.

Im Rahmen der quantenphysikalischen Superposition geht da noch was. Der Planet ist ja noch nicht voll und außerdem ist unsere Erde ja nur ein Staubkörnchen im interstellaren Raum. Was böte sich da für eine gigantische Möglichkeit an Bewusstsein! Dabei ist der Kosmos letztendlich auch nur ein kleiner Bestandteil einer großen Unendlichkeit. Was für ein gigantisches Bewusstsein stellt sich diesbezüglich dar, an dem jeder von uns alles, aber auch alles gleichzeitig erleben könnte.

Wenn wir jetzt noch weitergehen und das gesamte Sein ins

Spiel bringen, dann verlassen wir die räumliche und zeitliche Vorstellung eines *Weltraums*. Dann ist alles schon immer gewesen und wird immer sein. Das gesamte Bewusstsein ist ein Bewusstsein aller Möglichkeiten. Dies ist die Grundvoraussetzung aller, und damit unendlicher, Erkenntnisse. Es gibt keine Täuschungen und Irrtümer mehr. Es herrscht ein Bewusstsein unendlicher Wahrheit und Klarheit. Das Resümee eines solchen Bewusstseins ist die Durchströmung einer unendlichen Liebe und Weisheit in höchster Form eines Erlebens. Anders ausgedrückt: Dies entspricht einer vollkommenen Glückseligkeit und Göttlichkeit! Wir alle sind Teil von diesem Bewusstsein. Jetzt und schon immer.

Aber eines muss uns klar sein: Sollte das Bewusstsein in irgendeiner Art und Weise eingeschränkt werden und es somit nicht mehr im vollkommenen Sein existent ist, gelangt es in die Unvollkommenheit und bietet damit Raum für die Entwicklung von Hass und Böswilligkeit.

Gleichzeitig ist die Unvollkommenheit aber auch ein Bestandteil der Vollkommenheit. In der Vollkommenheit wird aber die Unvollkommenheit zur Vollkommenheit. Es ist immer alles gleichzeitig existent. Andererseits aber auch nicht, denn es gibt ja auch die Nichtexistenz und damit das »Nichts«. Allerdings ist das »Nichts«, also die Nichtexistenz des Seins, auch gleichzeitig die Existenz des Seins. Alles andere würde in diesem Zusammenhang auch gar keinen Sinn ergeben. Die Superposition in der Quantenphysik ist uns auch hier eine große Hilfe.

Wieso sitze ich hier in diesem Raum und schreibe? Weil ich in die Determination gegangen bin und mir dann nur dieses eingeschränkte Bewusstsein möglich ist. Das bedeutet, Bewusstsein wird in eine deterministische Gestaltform gebracht. Diese Gestaltform würde ich als »Seele« bezeichnen.

– Die Seele als Träger des Bewusstseins –. Gleichzeitig ist

die Seele als Gestaltform eine Schöpfung des Bewusstseins. Damit wird der Inhalt zur Form. In diesen Dimensionen hebt sich die Unterscheidung von Form und Inhalt, wie sie in der materiellen Welt gültig ist, auf.

Die radikalste Form der Determination wäre die Einbindung der Seele in die materielle Welt, und damit in die Möglichkeit eines Körpers. Aber was bedeutet das für unsere irdische Existenz?

Egal ob wir die materielle Körperform eines Menschen, einer Katze, eines Fisches oder eines anderen Lebewesens annehmen, es ist immer der Ursprung des **gleichen Bewusstseins**, der die Grundlage eines Geist-Seele-Körper-Kontinuums im materiellen Sein abbildet. Ich möchte das zum Verständnis noch einmal bildlich darstellen: Auf einem Tisch stehen eine Vielzahl von Gefäßen: Tassen, Gläser, Eimer und andere mehr. Zusätzlich können manche gleichförmigen Gefäße, wie zum Beispiel Tassen, noch unterschiedliche Dekore aufweisen. Dadurch ergeben sich mannigfaltige Möglichkeiten. Mit einer Schöpfkelle entnehmen wir Wasser aus einem Brunnen und befüllen die Gefäße. Das Wasser steht in dieser kleinen Geschichte für das Bewusstsein, geschöpft aus dem Brunnen der Einheit. Die Gefäße stehen für die verschiedenen Formen von Körpern: Menschen, Hunde, Elefanten und weitere mehr. Fazit: Alle Lebewesen tragen in sich den gleichen Ursprung des Bewusstseins! Frage: Was berechtigt den Menschen, sich nicht nur über andere Kulturen, sondern auch über andere Lebewesen zu stellen? In der Rechtsprechung wurde das »Tier« sogar als Sache behandelt. Wir müssten viele unserer Handlungsweisen neu überdenken. Eines wird uns vielleicht bei diesen Gedanken bewusst: Was für eine gewaltige geistige Einschränkung wir doch haben! Vielleicht verstehen wir unsere Handlungen und damit unsere Fehler und Unzulänglichkeiten dadurch aber auch besser und kommen somit zu neuen Einsichten. Betrachten wir also noch einmal unser kleines, eingeschränktes Bewusstsein. Rufen wir uns die vorherigen Kapitel ins Gedächtnis und machen uns unsere *Körper-Behinderung* bewusst. Unser Gehirn hat allenfalls eine Filterfunktion eines Bewusstseins. Somit wird verhindert, dass sich Bewusstsein nur äußerst unvollständig darstellen kann. Unsere *Körper-Behinderung* verurteilt uns zur Determination und somit zu einem begrenzten Bewusstsein einerseits und lässt in Verbindung mit dem Aufbau unserer Sinnesorgane andererseits objektiv nur die Aussage einer *Wirklichkeit* zu. Wenn wir Glück haben, deckt sie sich mit der *Wahrheit*, aber das können wir nicht mit absoluter Sicherheit behaupten. Was ist das Bewusstsein? Unser Körper ist Materie, und diese Materie erkennt und erfährt eine Welt aus Materie. Wie immer wir uns auch abmühen: Wir sehen im Alltag den Tisch, den Stuhl, die Berge und in der Wissenschaft die Teilchen. Was aber, wenn die Materie letztendlich doch nur dem Abdruck einer großen Wahrheit entspricht? Einer Wahrheit, die uns aus bekannten Ursachen nicht zugänglich sein kann. Der Begriff »Geist« wird teilweise gescheut, als würde man die Seriosität wissenschaftlichen Denkens zerstören. Aber ich denke, wir werden ohne die Synthese von Wissenschaft und Spiritualität den tief zugrunde liegenden Wahrheiten nicht näher kommen. Bringen wir in einer neuen Betrachtungsebene nun den Geist ins Spiel.

Den Geist können wir nicht aus der materiellen Sichtweise erkennen und erfassen. Das wäre genauso, als würde man einen Fisch fragen: »Was ist eigentlich Wasser?« Er könnte uns allenfalls mit fragendem Blick anschauen. Wasser ist für seine Existenz überlebenswichtig – aber er erkennt es nicht und kann es somit auch nicht beschreiben und erklären. Betrachten wir das Phänomen Geist als die existentielle Grundlage des Lebens: als Bewusstsein. Alles Bewusstsein ist Geist.

Der Geist, und somit das Bewusstsein, hat weiterhin die

Fähigkeit, Bewusstseinsinhalte in Gestaltform zu bringen. Ganz einfach gesagt: Der Bewusstseinsinhalt »Haus« würde die Gestaltform Haus annehmen. Das heißt, allein der Gedanke wird zur Schöpfung einer formhaften Gestalt.

Dies hat nichts mit Materie zu tun. Man muss hier klar zwischen einem materiellen Körper und einer formhaften Gestaltung unterscheiden. Anders formuliert: Wenn in unserer materiellen Welt jemand ein Haus haben will, muss dieses mit den Händen erbaut werden. Der Gedanke ist allenfalls nützlich für die Planung – das eigentliche Haus bedarf schweißtreibender Arbeit.

Was bedeutet der Geist für die materielle Welt? Hier könnte die Protyposis zum Tragen kommen. Das bedeutet, die Entwicklung des gesamten Kosmos, von der Entstehung der Galaxien bis hin zu Aminosäuren, Einzellern und letztendlich zu vielfältigen biologischen Lebensformen wird durch den Geist vorgebildet. Aber auch entwicklungsgeschichtliche Abläufe kultureller Genese könnten durch die Protyposis zum Tragen kommen. Dem Geistigen kommt weiterhin die Rolle des Attraktors zu. Quasi als Zugeinrichtung, dem die Materie in Form eines Entwicklungsgeschehens folgt. Die Materie an sich ist lediglich der Abdruck des Geistes. Ähnlich unserem Bild von einem Baum. Es ist und bleibt nur ein Bild von einem Baum und war und wird niemals ein Baum sein oder werden. Wenn aber die Materie nur ein Abdruck des Geistes ist, der Geist aber wiederum alles ist, wo kommt dann aber die Materie letztendlich her? Der Kosmos wird einem Urknall zugeschrieben! Wenn der Urknall die Schöpfung des Bewusstseins, also des Geistes ist, dann trägt die sich entwickelte Materie die Handschrift des Geistes. Dann wäre die Materie gleichzeitig Geist und Nichtgeist. Nach der Unbegrenztheit des Seins wäre damit auch Geist Nichtgeist und Nichtgeist Geist. Aus dem Urknall entsteht die Materie in einem Kosmos, der letztendlich wieder zu einem Bewusstsein wird und sich seiner selbst bewusstwird. Kommen wir wieder zurück zum Bewusstsein.

Wenn wir an unser erstes Gedankenexperiment denken, wo es um das Erleben von Bewusstsein der gesamten Menschheit und darüber hinaus geht, kommen wir zu einem weiteren Fazit.

Wenn wir nicht der Determination unterliegen und quasi in ewiger Superposition existieren, kann es weder ein »Unbewusstes« noch ein »Vorbewusstes« geben. Diese beiden Zustände, falls man sie überhaupt als solche bezeichnen könnte, würden wiederum eine Determination bedeuten. Hier kommen wieder unsere bekannten Begriffe: *Körper-Behinderung* und *Wirklichkeit* ins Spiel. Geist ist Bewusstsein und kann aus sich heraus Gestalt schöpfen und darstellen. Die Schöpfung von Gestalt kann sich in zweierlei Hinsicht darstellen. Zum einen als Form und zum anderen als Eigenschaft.

Bezüglich der Form:

Bei unserem Beispiel mit dem »Baum« hätten wir in der Wahrheit des *Geistigen* den wahren Baum. Der Baum in der materiellen Welt wäre nur ein Abdruck. Der Baum aus der geistigen Schöpfung wäre demnach die Wahrheit. Jenseits des *Raum-Zeit-Materie-Kontinuums* und der möglichen Sichtweise der Quantenphysik ist dieser Baum schon ewig geschöpft und wird ewig geschöpft. Es geschieht alles gleichzeitig und ist immer gleichzeitig geschehen. Den Formen sind natürlich unendliche Möglichkeiten gegeben. Würde der Geist über das Bewusstsein eine Form gestalten, die unserer eigenen Wesenhaftigkeit in vollkommener Darstellung entsprechen würde, ist das Bewusstsein natürlich nicht in dieser Form gebunden. Diese Vorstellung würde wieder unserem reduzierten *Körper-behinderten* Bewusstsein entsprechen. Wir erleben das teilweise in unseren religiösen Vorstellungen. Wenn wir etwa eine Vorstellung einer himmlischen Welt entwickeln, indem wir das göttliche ausnahmslos personifizieren, dann sprechen wir von »Gott, unserem Vater«. Wir dürfen uns natürlich dann auch nicht wundern, wenn es in unseren Kulturen teilweise schräge Vorstellungen über die Stellung der Frauen in der Gesellschaft gibt. Teilweise ist die Gleichberechtigung auch heute noch ein Fremdwort oder dient mancherorten lediglich als Lippenbekenntnis.

Bezüglich der Eigenschaft: Eine weitere Gestaltungsmöglichkeit neben der Formgebung sind die Eigenschaften. Hierzu zählen Interessen, Gefühle, Bedürfnisse, Fähigkeiten und weitere mehr.

Die Eigenschaften sind mannigfaltig und gleichzeitig vorhanden. Sie geben dem Bewusstsein eine eigene Dynamik und Lebendigkeit. Kommen wir wieder zurück in das Bewusstsein in unserer materiellen Welt. In diesem Kapitel habe ich einen kleinen Ansatz für eine Synthese von Spiritualität und Wissenschaft aufgezeichnet. Diesbezüglich sollen die eigenen spirituellen Erfahrungen und wissenschaftliche Erkenntnisse in zwei Betrachtungsebenen einfließen. In der Spiritualität erfährt man die Möglichkeit, zum Beispiel durch Meditation oder transzendente Erfahrungen einen Zugang in höhere Bewusstseinsformen zu finden. Natürlich sollte man auch diesen Erlebnissen selbstkritisch gegenüberstehen. Aber auch die Aussagen von Menschen oder Gemeinschaften, die sich der Spiritualität verschrieben haben, sollten kritisch hinterfragt werden. Wichtig ist die Balance zwischen einer offenen Bereitschaft, sich mit den Dingen auseinanderzusetzen, und einer ehrlichen und gesunden Skepsis. Genauso verhält es sich mit der Wissenschaft. Einerseits ist ein bereitwilliges und offenes Interesse an den Ergebnissen von Forschung und den damit verbundenen Erkenntnissen und Lehren nötig. Aber auch ein kritisches Hinterfragen ist angebracht. Denn auch für die Wissenschaft gilt: Unsere Aussagen begründen lediglich die Sichtweise der eigenen Wirklichkeit.

Bei beiden ist Vorsicht geboten, wenn es zu dogmatischen Haltungen kommt.

Das Gemeinschafts-Bewusstsein – eine Vision

»Wie ist die Lage?« könnte die Frage an den Matrosen im »Ausguck« eines großen Segelschiffes lauten. Denn man möchte ja den Überblick bewahren und die Ereignisse um einen herum registrieren.

Das heißt, sich auf eventuelle Gefahren einstellen zu können und diesen gegebenenfalls auszuweichen. Aber auch um auftauchende Inseln am Horizont zu erfassen, um dort seinen Proviant wieder auffüllen zu können. Kein verantwortungsvoller Kapitän würde, nur um seine Ladung schnell im Zielhafen zu haben, Zeit für die Verpflegungsmaßnahmen opfern. Oder aber, wenn in der Ferne Unwetter aufziehen, diese zu ignorieren. »Wie ist die Lage?« lautet die Frage an den »Ausguck« unserer Erde mit allen ihren Lebewesen. Jeder von uns ist ein mehr oder weniger einflussreicher Kapitän auf dieser Reise. Dem Klimawandel können wir kaum noch ausweichen. Denn, als wir die ersten Anzeichen am Horizont entdeckt haben, haben wir einfach weitergemacht. Unser Bedarf an Energie steigt und steigt. Technik und Fortschritt fordern halt ihre Opfer, und die bringen wir, indem die Natur und das Klima geopfert werden. Dem Machbarkeitswahn unterlegen, treiben wir diese Spirale immer schneller voran.

Eine weitere Triebfeder ist die Gier. Im Geld haben wir einen Erfüllungsgehilfen gefunden, der diesem Verlangen Raum gibt. Die höchsten Kathedralen dieser Welt sind die der Banken.

Es gibt aber auch noch die Triebfeder der Macht. Die Macht der eigenen Weltanschauung und der eigenen Interessen. Notfalls wird diese mit Gewalt behauptet, also auch mit Krieg.

Manche Menschen leben mit einem unvorstellbaren Reichtum. Andere wiederum leben in tiefer Armut und verhungern. Menschen sterben durch Granaten und Massaker. Menschen sind verzweifelt, auf der Flucht oder flüchten gänzlich aus dem Leben- mit Suizid. Menschen leiden unter Burn-out und sind manipulativ in eine Existenzangst getrieben, um den gierigen Prozess mitzugestalten. Viele Arten von Lebewesen weilen schon nicht mehr unter uns. Das Klima heizt unsere Atmosphäre auf, Luft und Wasser sind mehr und mehr verpestet. Aber wir machen weiter und nennen das geschichtlich gesehen: die Neuzeit. Natürlich gibt es mittlerweile viele mahnende Stimmen und auch Aufbegehren. Natürlich wollen auch die Mächtigen Gutes tun. Sie benennen Maßnahmen, die in fünf, zehn oder zwanzig Jahren greifen sollen. – Bis dahin hat das Schiff aber wieder eine ordentliche Strecke zurückgelegt. Wir könnten die Problematiken immer weiter auflisten, aber das bringt uns nicht weiter.

Es gibt natürlich auch andere Kräfte unter uns, die die Situation erkannt haben und diese wirklich verändern wollen. Aber leider setzen sie sich zu wenig durch oder werden massiv behindert.

Das Sanfte, Fürsorgliche und Liebevolle kommt natürlich nicht mit Gewalt und Machtgehabe daher. Es will entdeckt und behutsam mit dem Herzen aufgenommen werden. Aber wie soll das gelingen?

Seit Jahrhunderten hat sich bei uns ein patriarchales System manifestiert. Wirtschaftswachstum, Reichtum und Macht sind die anerkannten Säulen unserer Gesellschaft. Natürlich wird auch fürsorglich gehandelt und man zeigt Hilfsbereitschaft in Not- und Katastrophenfällen. Doch letztendlich nimmt es nur einen der hinteren Tribünenplätze im großen Welttheater ein.

Aber gerade in großen Notsituationen wie der Corona-Pandemie in 2020 blitzt dieses matriarchalische Bewusstsein in einen gewissen Vordergrund. Ein kleiner Virus zwingt unseren Größenwahn in die Knie, legt die Wirtschaft in Ketten und bringt ganz andere Tugenden auf die Bühne der Welt. Plötzlich ist das fürsorgliche und helfende Unterfangen lebenswichtiger als die vorab mächtige Industrie und Wirtschaft, sind die Krankenschwestern und Pfleger mehr gefragt als die Manager und Broker. Wie kann eine Welt von morgen aussehen? Was wollen wir wirklich, und das aus tiefstem Herzen? Die Transformationsarbeit kann uns diesbezüglich ein gutes Werkzeug sein.

Auf die Transformationsarbeit kommen wir in einem späteren Kapitel zu sprechen. Jetzt geht es erst einmal um eine mögliche Gestaltung unserer Zukunft – eine Vision! Dazu müssen wir uns die Frage stellen, was wir wirklich wollen und wie sich das Wollen irrtümlich dargestellt hat und dies immer noch tut. Im Kern unserer Seele sehnen wir uns nach Glück und Zufriedenheit. Der Weg, den wir dafür gewählt haben, hat sich als Irrweg herausgestellt. Wir müssen uns also die Frage stellen: Was brauchen wir wirklich und wovon müssen wir uns verabschieden? Im ersten Schritt müssen wir uns von unserem Sicherheitsbedürfnis verabschieden. Es gibt keine absolute Sicherheit für unser irdisches Leben. Wollen wir trotzdem daran festhalten, müssen wir die Angst als ständigen Begleiter akzeptieren. Damit öffnen wir aber die Türen für Gier und Gewalt, da unsere vermeintliche Sicherheit immer wieder in Gefahr gerät. Mit Gier und Gewalt versuchen wir unsere Ängste zu kompensieren. Da existieren wirtschaftliche Krisen, mit der Gefahr den Arbeitsplatz zu verlieren und in finanzielle Nöte zu geraten. Aber auch Krankheiten oder politische Instabilitäten sind Artefakte, die diese Ängste zum Ausdruck bringen. Anstelle eines Sicherheitsbewusstseins sollten wir das Vertrauen als ein seelisches Grundelement aufbauen. Dieses Vertrauen sollte nicht an irgendwas gebunden sein, sondern frei in den Raum gestellt werden. Dies erfordert einen hohen seelischen Selbstwert, ist dafür aber frei von Angst. Natürlich kann das Vertrauen missbraucht werden, aber das unterlässt man bei denen, die es missbrauchen. Man selbst ist immer wieder bereit, Vertrauen ohne Erwartungshaltung zu schenken. Wir setzen also Vertrauen gegen das Sicherheitsbedürfnis! Als Nächstes müssen wir bereit sein, vertraute Dinge loszulassen und »Neues« in unser Leben zu lassen. Wir müssen also Entscheidungen treffen. In unserer dualistischen Welt stellen sich die Dinge und Sachverhalte oftmals konträr dar, als nicht miteinander vereinbar – sie sind geschieden. Diese Scheidung können wir aufheben durch eine »Ent-Scheidung«. Wir haben als seelisches Werkzeug das Vertrauen und die Bereitschaft, »Dinge« loszulassen, und durch Entscheidungen Neues zuzulassen. Wir wollen positive seelische Befindlichkeiten wie beispielsweise Zufriedenheit und Lebensfreude erfahren. Aber worauf sind wir bereit zu verzichten und was soll keinen so hohen Stellenwert mehr darstellen? Es geht dabei nicht nur darum, was der Einzelne will, sondern darum, dass allen Menschen eine positive und somit glückliche seelische Befindlichkeit zugestanden wird. Das bedeutet, sein eigenes Ego aus dem Fokus zu nehmen und es in den Dienst des »Selbst« zu stellen. Damit übernimmt man auch die Verantwortung für seinen »Nächsten« – und das im weitesten Sinn. Vereinfacht gesagt: Uns liegt ganzheitlich das Wohl aller Lebewesen und der Natur im Sinne einer Gleichberechtigung am Herzen.

»Ich bin für den anderen da«, und nicht »Ich muss erst mal an mich denken«. Letzteres ist eine Kultur, die sich in den vergangenen Jahrzehnten im Zuge eines Individualisierungsbewusstseins entwickelt hat. In der Zeit, wo ich mein eigenes

Wohlergehen in den Fokus stelle, kann ich mich nicht um den anderen kümmern. Das heißt, ich nehme es in Kauf, dass dadurch Leid entstehen kann oder verstärkt wird. Auf indirektem Weg bringe ich das Leid in die Welt. Natürlich muss die Bereitschaft, für den anderen da zu sein, aus einer tiefen inneren Bereitschaft kommen. Es nützt keinem etwas, wenn man sich auf der einen Seite bedingungslos bis zur Erschöpfung aufopfert und andererseits den Egoismus des anderen bedient. Deshalb ist die wahre Bereitschaft, für den anderen da zu sein, auch an ein Bewusstsein der Achtsamkeit geknüpft. Andererseits kann ich dankbar sein, wenn andere für mich da sind und mir Freude und Hilfe geben. Allerdings darf dies nicht mit Erwartungen und Forderungen einhergehen. Wenn man diese Grundsätze beachtet, dann wird das Geben und Nehmen zu einem wahren Schatz aus der Truhe der Liebe und Weisheit zum Wohle aller Lebewesen.

Eine Vision für die Zukunft wäre die Bewusstseins-Gemeinschaft

Es geht hier nicht um die Darstellung von Vereinen, Firmen oder territorialen Gemeinschaften wie Städten oder Ländern.

In der Bewusstseins-Gemeinschaft erleben wir eine Verbundenheit, die nicht an räumliche und zeitliche Gegebenheiten gebunden ist. Das heißt, es können Menschen in Verbindung stehen, die tausende Kilometer voneinander getrennt in verschiedenen Kulturkreisen leben. Solche Verbindungen entstehen natürlich nicht über Nacht, sondern bedürfen eines langen Prozesses. Dieser Prozess läuft auch nicht über die uns heute geläufigen Kontaktaufnahmen in persönlicher Form, sondern über eine Erweiterung von Bewusstsein und Bewusstseinsinhalten. Auch hier spielt die Transformationsarbeit eine wichtige Rolle. In diese Bewusstseinstransformationen können Bewusstseins-Gemeinschaftsverbindungen in alle nur denkbaren Richtungen entstehen. Je mehr von diesen Gemeinschaften entstehen, umso mehr entsteht ein Gewinn von Lebensfreude und -qualität.

Die Lebensfreude bezieht sich nicht nur auf den Menschen, sondern auf die Gesamtheit der Natur und letztendlich auf den ganzen Planeten. Lebensfreude und -qualität ist auch ein Artefakt für alle Lebewesen. Die Quelle der individuellen Lebensfreude konzentriert sich nicht mehr auf die eigene »Bereicherung« und Vorteilnahme, sondern steht ganz im Rahmen der Bewusstseins-Gemeinschaft. Ganz einfach gesagt: Man ist für die anderen da. Ich sehe in der Ausbildung einer Bewusstseins-Gemeinschaft einen Vorläufer für ein kollektives Bewusstsein. Wie schon gesagt, kann dies nur im Rahmen eines Prozesses geschehen und dieser braucht Zeit. Bewusstseins-Gemeinschaften entstehen durch die individuelle Erweiterung des Bewusstseins mit der Bestrebung, mit den anderen verbunden zu sein. Die Entwicklung der Inhalte ist offen und damit fernab von der rational-gesteuerten Bildung von Interessengemeinschaften wie Vereinen, Parteien und anderen mehr. Wir betreten hier Neuland und müssen mit Geduld die Entstehung neuer Prozesse in uns zulassen können. Ich möchte an dieser Stelle keine möglichen Bewusstseins-Gemeinschaften vorstellen, sondern Veränderungen aufzeigen, die diese Gemeinschaften mit sich bringen könnten. Dabei möchte ich einige Artefakte ins Spiel bringen, die unsere Gesellschaft vordergründig dominieren. Unsere Welt wird dominiert vom Wirtschaftswachstum. Wir müssen immer mehr produzieren, um einen satten Geldfluss zu gewährleisten. Dieser Geldfluss bestimmt unseren Wohlstand. Aber, was für eine Qualität liefert dieser Wohlstand und welche Opfer verlangt er? Aus dem Geldfluss bedienen sich die Menschen sehr unverhältnismäßig. Die einen entnehmen gierig Mengen, die sie eigentlich nie verbrauchen können, während andere fast leer ausgehen. Wer von dem Geldfluss profitieren will, muss arbeiten. Aber wie gestaltet sich diese Arbeit? Die Arbeitsanforderungen werden teilweise immer stärker forciert, damit der Geldfluss anschwillt. Die Entlohnung für die Arbeit ist sehr ungleich und in manchen Ländern entsteht eine Ausbeutung durch ein rigoroses kapitalistisches Denken und Handeln. Wo bleibt denn da der Wohlstand? Ist eine Villa und eine Luxusyacht Wohlstand oder nur ein Artefakt von Hilfslosigkeit auf der Suche nach Glück und Zufriedenheit? Was brauchen wir wirklich? Elementar benötigen wir gesunde Lebensmittel, Kleidung und ein zu Hause. Darauf aufbauend benötigen wir soziale Kontakte. Diese finden wir in Form von Familie, Freunden und unserem Wohnort mit seiner Infrastruktur. Hier können wir in Vereinen, Religionsgemeinschaften und anderem mehr unseren Interessen nachgehen. Dazu gehört auch Bildung und letztendlich auch die Möglichkeit nach spiritueller Erfahrung. Die Arbeit, als Wertschöpfung für die Allgemeinheit, ist ein weiteres Bedürfnis unserer irdischen Existenz. Durch die Arbeit können elementare Bedürfnisse Befriedigung finden. Aber auch höhere Bedürfnisse und Interessen bedürfen der Arbeitsprozesse. Wenn die Arbeitsprozesse darauf abgestimmt werden, materielle Dinge nur in dem Umfang herzustellen, wie es in Einklang mit der Natur und den Ressourcen zu verantworten ist, wäre ein wichtiger Ansatz geschafft. Wenn auch die Wertschöpfung zu einer gerechten Verteilung führen würde, wäre eine zweite Hürde geschafft. Wenn wir nach Wohlstand streben und in diesem Zusammenhang Glück und Zufriedenheit verstehen, der nicht durch ein individuelles Streben, sondern durch ein gemeinsames Miteinander gestaltet würde, hätten wir auch die dritte Hürde in Angriff genommen. Dies wäre aber nur die Basis für ein ehrliches Gemeinschaftsdenken.

Erforderlich ist vielmehr eine vollkommene Umstrukturierung in unserem Denken. Wirtschaftliches Streben müsste eine hintere Platzierung erfahren. Vordergründig geht es um wirklichen Wohlstand im Einklang mit der Natur und unserem Planeten. In diesem Zusammenhang steht auch unser Energieverbrauch. Wir müssen darauf schauen, wie viel Energie jeder Weltenbürger verbrauchen darf, ohne dass andere Lebewesen, die Natur oder das Klima geschädigt wird. Von einem rücksichtslosen Energieverbrauch hängt nicht unser Wohlstand ab. Zumindest nicht von einem ehrlichen und wahren Wohlstand.

Ein weiteres überflüssiges Artefakt sind Krieg und Terror.

Dieses Dilemma hat ja schon in vorherigen Kapiteln Beachtung gefunden.

Wenn wir in der Lage sind, die in diesem Kapitel beschriebenen Dinge aufzugreifen und einen transformatorischen Prozess einzuleiten, sind wir auf den Weg eingebogen, der uns zu einer Bewusstseins-Gemeinschaft führt. Es geht nicht darum, die Schritte zu diesem Weg bis ins Detail zu planen, sondern ein Bewusstsein zu entwickeln, mit dessen Hilfe es uns gelingt, ein gemeinsames Verständnis für ein glücklicheres und zufriedenes Miteinander zu finden. Deshalb geht es mir auch nicht darum, einen Prozess zu beschreiben, sondern daran zu appellieren, sich auf etwas einzulassen, in dem gerade dieses Verstehen den Prozess lenkt. Leider sind wir zu stark an rationales Denken gebunden, anstatt auch die emotionale und intuitive Ebene wirken zu lassen. Weiterhin müssen wir uns von einem Sicherheitsbedürfnis verabschieden und uns in ein offenes Vertrauen begeben.

Ganz pragmatisch ist diesbezüglich noch ein Sinneswandel wichtig. Es geht dabei, gerade in Bezug auf das rationale Denken versus die emotionale und intuitive Ebene und in Verbindung mit einem Vertrauensbewusstsein, um die Gleichberechtigung. Wir werden ein Bewusstsein erfahren, das sich uns derzeit noch nicht erschließt. Das heißt natürlich auch, Dinge loszulassen, damit wir diesen Raum mit »Neuem« füllen können. Auch sollten Patriarchat und Matriarchat in dieser Welt zu einem Ausgleich kommt. Beide Größen sind nicht unbedingt an das Geschlecht Mann oder Frau gebunden. Es gibt nicht wenige Frauen, die im Rahmen der Forderung nach mehr Gleichberechtigung patriarchale Verhaltensmuster entwickeln. Wenn zum Beispiel Frauen mit Anzug und Krawatte als Managerin in großen Wirtschafts- und Industriebetrieben ein rigoroses Wachstum und Konkurrenzdenken praktizieren. Oder aber, wenn Frauen um Gleichberechtigung **kämpfen.** Im Kämpfen verbirgt sich wieder das Patriarchale. Wenn es darum geht, dass Frauen den Männern gleichberechtigt sind, ist das noch mal ein anderes Thema. Auf alle Fälle aber ein berechtigtes. Ein matriarchales Vorgehen würde bedeuten: mit Augenmaß und Rücksicht ein Unternehmen zu führen. Ökonomische und ökologische Gesichtspunkte gleichermaßen abzuwägen und fürsorglichen Umgang mit den Menschen zu gewährleisten. Dann heißt das, statt für Gleichberechtigung zu kämpfen, die matriarchale Lebensphilosophie zu leben. Es gibt diesbezüglich keine feste Verhaltensregel oder Handlungsstrategien. Es geht darum, sich einem Bewusstsein zu öffnen, in dem sich das Matriarchat in der Seele abbilden kann und dann kollektiv erfahrbar wird. Dieses wäre dann auch gleichzeitig ein Beispiel für eine Bewusstseins-Gemeinschaft. Dieses Bewusstsein ist aber nicht unbedingt an ein Geschlecht gebunden. Überhaupt kann die Transformation der Gesellschaft in eine Bewusstseins-Gemeinschaft nur mit einem gestärkten Matriarchat gelingen.

Wir brauchen den Ausgleich beider Systeme. Bildlich gesehen müsste sich das patriarchale Symbol des mit starkem Willen nach vorn gerichteten Pfeils und das matriarchale

Symbol des bewahrenden, behütenden und fürsorglichen Kreises zu einem neuen Symbol vereinigen: der Spirale. Die Spirale kennzeichnet ein fürsorgliches und bewahrendes Vorangehen-den Blick auf den Fortschritt zu richten und gleichzeitig das Bewährte im Auge zu haben.

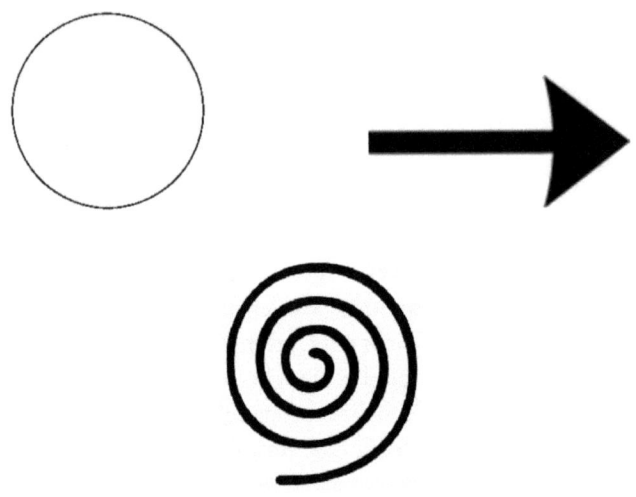

Ich sehe das als einen wichtigen Schritt auf dem langen Weg zur Vollkommenheit und Wahrheit.

Trauma und Heilung

Wir haben in den vorherigen Kapiteln immer wieder einen Blick auf unsere Einschränkungen werfen können. Allen voran steht unsere Körper-Behinderung und die damit verbundene Bewusstseinseinschränkung. Was das für Auswirkungen hat, sehen wir im globalen Geschehen.

Aber damit nicht genug. Die Schäden an Natur und Umwelt bleiben nicht außen vor, sondern begegnen uns auch in der eigenen Seele. Die Rede ist hier von dem **Trauma.**

Eines haben wir mindestens alle gemeinsam. Wir werden geboren! Wenn die Tage im Mutterleib gezählt sind, geht es darum, den Schritt in diese Welt als eigenständiges Individuum, wenn auch anfangs mit Einschränkungen, anzutreten. Die Schmerzen bei einer Geburt können wohl nur Frauen nachempfinden, die ein Kind zur Welt gebracht haben. Aber wie haben, und das betrifft uns alle, die Säuglinge ihre Geburt erlebt? Der Weg durch den Geburtskanal in eine kühlere Umgebung als im Mutterleib war bestimmt mit mehr oder weniger heftigen Missempfindungen oder sogar Schmerzen verbunden. Man kann die Geburt daher durchaus als eine traumatische Erfahrung bezeichnen. Das heißt, wir beginnen unser irdisches Dasein mit einem Trauma.

Was ist ein Trauma?

Der Begriff »Trauma« heißt übersetzt: Verletzung. Wir kennen körperliche und seelische Verletzungen. Natürlich müssen wir die Schwere einer Verletzung in Betracht ziehen. Bei einer körperlichen Verletzung ist es ein Unterschied, ob sich jemand in den Finger geschnitten hat oder durch einen Verkehrsunfall sein Leben querschnittsgelähmt im Rollstuhl verbringen muss.

Genauso verhält es sich bei den seelischen Verletzungen.

Ein Klapps auf den Hintern ist was anderes als eine mehr-jährige Misshandlung. Definiert ist der Begriff Trauma unter anderem in dem Lehrbuch der Psychotraumatologie von Fischer und Riedesser auf Seite 79:

»... ein vitales Diskrepanzerlebnis zwischen bedrohlichen Situationsfaktoren und den individuellen Bewältigungsmöglichkeiten, das mit Gefühlen von Hilflosigkeit und schutzloser Preisgabe einhergeht und so eine dauerhafte Erschütterung von Selbst- und Weltverständnis bewirkt.

Traumatisierende Ereignisse sind beispielsweise: Kriegserlebnisse, Vertreibung, Naturkatastrophen, Unfälle, Tod der Eltern in der Kindheit, Verlust der geliebten Person und/oder der eigenen Kinder, sexueller Missbrauch, ausgeprägte körperliche und emotionale Vernachlässigung in der Kindheit, lebensbedrohliche Krankheiten, emotionale und körperliche Misshandlung in der Kindheit, Mobbing usw.«

Es wird auch zwischen Typ-I-Traumata und Typ-II-Traumata unterschieden. Bei Ersteren geht es um einmalige/kurzfristige und bei Letzteren um wiederholt/langfristige traumatische Erlebnisse.

Wie intensiv ein traumatisches Ereignis erlebt wird und wie tief die Verletzung zu einer seelischen Störung/Krankheit wird, hängt natürlich auch von der individuellen Persönlichkeitsstruktur des betroffenen Menschen ab. Sehr feinfühlige und empfindsame Menschen dürften heftiger betroffen sein als derbe und kaltschnäuzige Charaktere. Aber auch der weitere Lebensverlauf spielt eine Rolle. Wachse ich in einer liebevollen, sozialen Umgebung auf oder erlebe ich ein rücksichtsloses und egozentrisches Umfeld? Welche Symptomatik kann durch traumatische Erlebnisse hervorgerufen werden? Bei der intrusiven Symptomatik kann es zu wiederholten und unausweichlichen Erinnerungen oder auch zwanghaften Gedanken an die Ereignisse kommen. Weiterhin sind Alpträume oder auch Flashbacks möglich. Bei der konstriktiven Symptomatik kann es zu Dissoziationen kommen. Hier kommt es zur Abspaltung von Affekten und Wahrnehmungen, bei der unbewusst einer Intrusion und die damit verbundene Reaktion entgangen werden soll. Dies kann sogar zu einer Depersonalisation und Derealisation führen. Um sich zu schützen, können aber auch Verdrängungen entstehen, damit die traumatischen Erlebnisse nicht mehr erinnert werden. Weiterhin kann es zu einer emotionalen Taubheit kommen. Das heißt, die Fähigkeit, sich zu freuen, zu lieben oder zur Trauer ist eingeschränkt. Schlimmstenfalls kann es zu völliger emotionaler Erstarrung bis hin zur Depression kommen. Es kann aber auch zu einem Vermeidungsverhalten kommen. Es wird dann alles versucht, Gedanken und Gefühle sowie Orte und Personen, die mit dem Trauma in Verbindung gebracht werden, zu meiden. Weiterhin können im Alltag gedankliche Vorwegnahmen des Schlimmsten (Dauer-Pessimismus), Gefühle der Hilflosigkeit, Verlust der Selbstsicherheit und des Grundvertrauens in das eigene Leben und gegenüber anderen Menschen auftreten. Aber auch die Grundüberzeugung in Bezug auf die Welt und den Sinn des Lebens können erschüttert sein mit der Folge von emotionaler Distanz. Bei der Symptomatik der Übererregung kann es zu einer chronischen Dauerstressreaktion kommen. Dies kann sich unter anderem in Drehschwindel, Schreckhaftigkeit, Herzrasen, Zittern und Übelkeit zeigen. Weiterhin sind chronische Schlafstörungen oder eine angespannte Wachsamkeit möglich. Aber auch Konzentrationsschwierigkeiten, Gedächtnisprobleme und eine erhöhte Reizbarkeit können entstehen. Letztendlich können traumatische Erlebnisse zu schwerwiegenden psychischen und psychosomatischen Folgestörungen führen. Diese können sich in Angststörungen, Persönlichkeitsstörungen, Zwängen, Depressionen, Suizidalität, Sucht und anderen Verhaltensauffälligkeiten manifestieren. Erforderlich werden oftmals psychotherapeutische und medikamentöse Maßnahmen. Letztendlich kann aber eine langfristige psychiatrische Behandlungsdauer mit Verlust der Arbeitsfähigkeit und gesellschaftlichem Abstieg die Folge sein.

Es gibt aber auch Menschen, die ein Trauma gut überwinden. Dies liegt zum einen an einer psychischen Widerstandsfähigkeit. Diese wird als Resilienz bezeichnet. Zum anderen gibt es eine posttraumatische Reifung. Darunter versteht man, dass die traumatisierte Person der Überzeugung ist, dass das traumatische Erlebnis zu einem Reifungsprozess geführt hat, den sie nicht mehr missen möchte. Ich bin der Meinung, dass die seelischen Erkrankungen in unserer Gesellschaft in allererster Linie auf traumatische Ereignisse zurückzuführen sind und nicht zwangsläufig eine Folgeerscheinung von Störungen im Hormonhaushalt beziehungsweise die Folge von Stoffwechsel- oder Transmitterstörungen sind. Ich sehe eher die Konsequenz einer solchen Störung als Folgeerscheinung einer seelischen Erkrankung/Traumatisierung mit einer Auswirkung im somatischen Bereich. Wenn ein Mensch in eine lebensbedrohliche Situation gerät, erfährt er ein mehr oder weniger starkes Angstgefühl. Dies äußert sich anschließend im somatischen Bereich durch eine erhöhte Herzfrequenz, Pupillenerweiterung und Schweißausbruch. Durch den erhöhten Adrenalinausstoß sind die Zeichen auf Flucht oder Kampf gestellt. Also erst die seelisch-geistige Ebene und dann die körperliche. Erhöhte Herzfrequenz und Schweißausbruch lösen kein Angstgefühl aus. Trotzdem gibt es noch körperliche Erkrankungen, die eine psychische Störung auslösen können. Beispielhaft seien hier Hirntumore oder endokrine Erkrankungen genannt.

Was bedeutet das Trauma für unsere Welt? Jeder Mensch wird im Lauf seines Lebens mehr oder weniger Bekanntschaften mit Erlebnissen haben, die ein Trauma auslösen können. Wie viele solche Erlebnisse tagtäglich auf unserer Welt geschehen und den Start in einen Leidensweg eröffnen, wissen wir nicht. Wir sehen allenfalls die Spitze des Eisberges. Unsere Nachrichten berichten zwar von Kriegsereignissen, Terror und Gewalt; aber das Schicksal des einzelnen Menschen tritt nur selten in den Fokus der Öffentlichkeit. Was für uns wieder beobachtbar ist, sind die Fallzahlen von Menschen mit psychischen Erkrankungen, die in Kliniken und psychiatrischen Einrichtungen beziehungsweise psychotherapeutischen Praxen erfasst sind. Aber auch hier gilt wieder das Bild vom Eisberg. Bei vielen Menschen ist der Leidensdruck entweder noch nicht so hoch, oder man scheut aus Scham den Gang in therapeutische Hilfsmaßnahmen. Ich gehe davon aus, dass so gut wie jeder Mensch eine zumindest geringfügige seelische Störung im Laufe seines Lebens entwickelt. Seelische Erkrankungen stellen einen Leidensweg dar. Wer dies selbst erfahren beziehungsweise bei seinen Mitmenschen erlebt hat, kann sich mehr oder weniger ein Bild machen. Depressionen, Ängste, Zwänge, Suizidgedanken, Wahnvorstellungen und anderes mehr können zu einem Höllentrip werden.

Was aber, wenn traumatische Erfahrungen Persönlichkeitsstörungen auslösen, die weniger in einen eigenen Leidensweg führen, sondern sich zu einem Feldzug entwickeln? Ein Feldzug gegen die anderen, die irgendwie schuld sind. Wir kennen dies aus unserer Vergangenheit. Ob Hexenverbrennungen im Mittelalter oder Judenverfolgung und Vernichtungskriege in der Neuzeit. Aber auch in unserer Gegenwart erleben wir fanatischen Terror und Gewalt. Wie oft spielen diesbezüglich Projektionen eine Rolle, nur um die eigenen Verletzungen nicht zu spüren?

Gier und Dominanzstreben bieten weitere Möglichkeiten der innerseelischen Kompensation. So können Einzelne, aber auch ganze Gruppierungen und Massen Auslöser für einen Feldzug sein, der Ausbeutung und Unterdrückung auf seinen Fahnen trägt. Mit jedem Feldzug werden neue traumatische Erlebnisse erzeugt und somit neue Leidenswege geschaffen. Ein ständiger Wechsel von Täter zum Opfer und vom Opfer zum Täter. Das Trauma scheint ein ständiger Begleiter unserer Welt zu sein! Oder? Dem Klima, zum Beispiel, ist es egal. Es ist weder Täter noch Opfer, wenn wir durch unsere Maßlosigkeit einwirken. Es verändert sich den physikalischen Gesetzen entsprechend und wird ohne Groll seine Auswirkungen zeigen. Wie können wir ein Trauma überwinden? Gibt es eine Heilung? Ein Trauma und seine Folgen für unsere seelische Gesundheit erleben wir als etwas, was sich zu einem gewissen Zeitpunkt oder einer bestimmten Zeitspanne ereignet hat. Nun kennen wir den Ausspruch: »Die Zeit heilt alle Wunden.« Aber ist das wirklich so? Die Erfahrung zeigt uns, dass diese Wunden meist lebenslang in uns wirken. Schwere seelische Erkrankungen begleiten uns oft bis ins Grab. Leichte Traumata scheinen sich etwas zu mildern, weil uns der Alltag mit seinen Ereignissen oft ein wenig ablenkt. Aber kann man sein Trauma auf der Zeitschiene einfach nach hinten schieben? Nach der Quantenphysik und der damit verbundenen Superposition spielt die zeitliche Ebene keine Rolle. Das heißt, das Trauma, welches wir vor zehn Jahren erfahren haben, ist und bleibt aktuell. Genau genommen müssten wir zu der Aussage kommen: Das Trauma ist gleichzeitig: vorhanden, noch nicht entstanden, in sich erlöst.

Jedes Ereignis wird ein für sich genommenes Ereignis, wenn es zur Determination wird. Wenn wir loslassen, heißt das: Wir geben die Determination zugunsten der Superposition auf. In diesem Zusammenhang möchte ich darauf hinweisen, dass *loslassen* nicht heißt, es verschwinden zu lassen. Das kann nicht funktionieren. Es kann ein *Etwas* nicht in nichts aufgelöst werden. Wenn die traumatische Situation aus der Determination in die Superposition, in der sie eigentlich immer ist, bewusstseinsmäßig erlebt wird, kann sie in ihrer Wesenhaftigkeit durch eine erneute Determination verändert betrachtet und erlebt werden. Denn eine Situation ist niemals ein für sich genommenes Ereignis, sondern ein kausales und durch Analogien bedingtes ganzheitliches Geschehen, das in sich genommen sowohl noch nicht geschehen ist, aber doch entstanden sowie vollendet ist. Dazu steht es jedoch gleichermaßen in einem Kontext aller Ereignisse des gesamten Seins. Daraus folgt: Die Wesenhaftigkeit eines Ereignisses gewinnt immer wieder neue Perspektiven und Erkenntnisse. Damit verbunden sind die Möglichkeiten, über immer neue Sichtweisen näher an die Wahrheit heranzukommen.

Das ist der Weg der Heilung.
Es geht nicht darum, eine Situation oder ein Ereignis zu transformieren. Die Transformation muss in der eigenen Seele stattfinden. Denn Seele und Geist sind der schöpferische Ort des Ereignisses.

Das Trauma, oder besser gesagt das, was ich als Trauma empfinde, ist ein deterministischer Ausschnitt eines *Körper-behinderten* Bewusstseins. Wenn wir jetzt noch unser Ego mit ins Spiel bringen, ist die Empfindung eines Traumas erklärlich. Wie sieht es aber mit dem Selbst aus? Im Selbst bin ich mit allem auf einer höheren Ebene verbunden. Hier finden wir einen wichtigen Ansatz für ein Transformationsziel. Näheres hierzu im Kapitel »Die Transformation«. Wie könnten ein Erlebnis mit traumatischen Folgen und daraus entstandene seelische Erkrankungen im Selbst wahrgenommen werden? Denn im Selbst ist es unmöglich, traumatisiert zu werden, und damit ist auch eine seelische Erkrankung nicht möglich.

Eine körperliche und seelische Misshandlung seitens eines Täters wird nicht als solche empfunden. Das Ereignis wird zwar so erlebt, aber nicht auf sich bezogen. Es geht nicht nur darum, dem Täter verzeihen zu können, sondern auch dankbar zu sein, dieses schicksalhafte Erlebnis erfahren zu dürfen, um daraus eine seelische Entwicklung und Reifung zu ermöglichen.

Wenn also im Status des Egos eine traumatische Erfahrung gemacht wird, ist ein transformatorischer Prozess in der eigenen Seele zum Selbst ein wichtiger Schritt in Richtung Heilung. Dazu kommt die wechselnde deterministische Bewusstseinslage des Ereignisses. Damit kann in den prozesshaften Entwicklungen einer Situation eine Transformation in der Seele des Täters ablaufen. Somit kann die Entwicklung zukünftiger Ereignisse eine neue Wesentlichkeit darstellen, die in eine erlöste Form mündet. Wichtig ist dabei das Verständnis, dass nicht die Ereignisse transformiert werden können, sondern deren Gestaltung aus dem *Seele-Geist-Prinzip*. Weiterhin ist zu bedenken, dass die prozesshaften Entwicklungen zukünftiger Ereignisse durch den Einfluss einer Transformation, wie oben geschildert, einen Entstehungsprozess darstellen. Gleichzeitig sind diese Prozesse aber auch schon alle entstanden und waren schon immer existent. Diese Gleichzeitigkeit entspricht der Superposition. Es ist alles am Entstehen – es ist alles schon entstanden. Der Determinismus zeigt uns nur einen kleinen momentanen Ausschnitt eines in Wirklichkeit unendlichen und ewigen Seins.

Die Transformation

In diesem Kapitel kommen wir zum Kern dieses Buches: der Transformation. Wie schon in früheren Kapiteln erwähnt, befinden wir uns in diesem Kosmos in einem Spannungsfeld – der Dualität. Genauer genommen geht es hier um die Polarität, die es zu überwinden gilt. Wir alle kennen die inneren und äußeren Spannungsfelder, die uns täglich begegnen. In unserer Wahrnehmung und Wirklichkeit unterscheiden wir zwischen dem Guten und dem Bösen. In unserer eigenen Seele wollen wir oftmals gern unsere guten Seiten in den Vordergrund stellen. Keiner rühmt sich seiner dunklen Seiten – seiner Schatten. Also weg damit. Genauso verhält es sich mit den seelischen Leiden. Wer hat schon gern Depressionen, Ängste, Zwänge und Co.? Also weg damit. So einfach ist das aber nicht, wie wir alle wissen. Aber wir versuchen es, trotz eines besseren Wissens, immer und immer wieder.

Beschleicht uns ein schlechtes Gewissen, weil wir mit dem kleinen Versicherungsbetrug ein paar Euro rausgeschlagen haben, oder weil wir einem Mitmenschen gegenüber rücksichtslos aufgetreten sind, fangen wir gern an, diese Dinge zu verharmlosen »Ist ja nicht so schlimm, das machen doch andere auch.« Oder: »Der andere hat sich nun auch nicht grade vorbildlich verhalten.« Man verdrängt.

In größeren Bereichen, zum Beispiel einer Lebensgrundhaltung, die geprägt ist von Gier und Machtstreben und deren rigoroser Durchsetzung, konstruieren wir eine Lebensphilosophie, die unser Handeln in ein positives Licht rücken soll. »Wer Erfolg haben will, muss sich durchsetzen, denn letztendlich profitiert ja auch die Gesellschaft von meinen Fähigkeiten und Handlungen.« Zu guter Letzt glaubt man das dann sogar selbst. Wenn die letzten Skrupel verschwunden sind, hat sich diese Sicht- und Handlungsweise in der Seele verdichtet und festgesetzt. Man feiert Erfolge, verdient viel Geld und das gesellschaftliche Ansehen steigt.

Ganz unbemerkt züchtet man seinen eigenen Dämon. Zunächst scheint dieser auch voll auf unserer Seite zu stehen und unterstützt uns beim Aufbau der drei Säulen für die Grundlage einer unerlösten Seelenstruktur:

Hass – Macht – Gier
Doch wieso entstehen diese Hass-Macht-Gier-Schatten?

Der Mensch sehnt sich als determinierte Geist-Seele in die Einheit und Vollkommenheit unendlicher Liebe und Weisheit und der damit verbundenen Glückseligkeit.

Bewusstsein ist Geist. Es ist das Erkennen des gesamten Seienden in vollkommener Liebe und Weisheit in reiner Erlösung. Dieses Bewusstsein schöpft Gestalt in Form von nichtmaterieller Gegenständlichkeit und Wesenhaftigkeit im Ausdruck von Interessen, Bedürfnissen und Fähigkeiten!

Es schöpft dieses aus dem eigenen geistigen Grund. Die Seele ist ein Artefakt dieser Schöpfung und kann sich sowohl deterministisch als auch in der Superposition darstellen. Durch eine Inkarnation ist nur noch eine Determination möglich. Doch das ist nicht die einzige Folge der *Körper-Behinderung.* Kognitive Prozesse durch äußere und innere Wahrnehmungen stehen in einer Wechselwirkung mit dem Seele-Geist-Prinzip. Zudem kommt es zu einer Filterfunktion des Gehirns zwischen Wahrnehmungsprozessen deterministischer Art sowie dem damit bedingten Raum-Zeit-Kontinuum auf der einen Seite und dem Seele-Geist-Bewusstsein in seiner Möglichkeit der Superposition auf der anderen Seite. – Damit sind wir zu einem partiellen Bewusstsein verurteilt. Diese außerordentliche und erhebliche Einschränkung bildet die Grundlage für die Unvollkommenheit und damit einem Ur-Impuls der Polarität. Es gibt also kein Böses von außen, zum Beispiel in Form eines Teufels, der uns verführen will.

Wir sind es selbst!

Das heißt, der Dämon, den wir in uns selbst aufbauen und der sich von uns löst und uns leidvoll begegnet, sind wir selbst. Die Spur, die das »Rad unseres Lebens« hinterlassen hat, wird nun zu unserem eigenen Weg. Ob noch in dieser oder in späteren Inkarnationen:

Oftmals wissen wir nicht mehr, worum es eigentlich geht. Wir haben die Orientierung verloren.

»Ich habe in meinem Leben doch nichts Unrechtes getan!« »Warum ist dann das Schicksal so hart zu mir?« »Die Welt ist einfach ungerecht.« Wir leiden!

Wir leiden – ohne zu lernen!

Wenn der Leidensdruck mehr und mehr zunimmt und sich in Ängsten, Zwängen und Depressionen äußert, suchen wir vielleicht Hilfe. Psychopharmaka können etwas lindern und eine therapeutische Maßnahme kann helfen, sein Leben wieder einigermaßen zu stabilisieren. Was nicht erfolgt, ist: Heilung! Ich habe hier einen etwas drastischeren Weg aufgezeichnet. Natürlich gibt es auch milde Verläufe schicksalhaften Geschehens in Form eines Leidensweges. Aber auch noch sehr viel schlimmere Schicksale. Verelendung in Kriegsregionen, Hunger und Vertreibung. Doch was ist geschehen? Plötzlich sind wir vom Täter zum Opfer geworden. Gestern noch der große Macher, heute ein von Misshandlungen oder Ausgrenzungen gezeichneter Mensch. Aber wir können uns nicht mehr erinnern. Das Seiende braucht keine Zeit. Aber wir, mit unserer Körper-Behinderung, denken in Zeitspannen. Von der »Geburt bis zum Tod«. Hier können wir die meisten Ereignisse erinnern, bis auf das, was wir verdrängt haben, vergessen oder, weil wir noch so klein waren, nicht mehr wissen.

Was aber, wenn wir nicht nur einmal auf dieser Erde zu Gast sind? Wenn wir mehrere Inkarnationen durchlaufen? Dann können wir uns natürlich nicht mehr daran erinnern, was wir für etwas Spuren hinterlassen haben und dass wir diesen Weg nun weitergehen. Nichts verschwindet oder löst sich einfach auf. Weder unsere guten noch unsere schlechten Taten. Diesen Grundsatz finden wir auch schon in der Physik: Es kann sich ein energetischer Zustand nicht in Nichts auflösen. Energie kann also nicht einfach verschwinden. Aber – sie kann sich wandeln. Als einfaches Beispiel kann man die verschiedenen Aggregatzustände von Wasser anführen. Durch die Veränderung der Temperatur kann ich die Aggregatzustände Fest – Flüssig – Gasförmig erreichen.

Das heißt für uns: Wenn sich unsere Handlungen nicht einfach in Luft auflösen können, müssen wir uns mit ihnen auseinandersetzen. Doch oftmals sind wir damit grenzenlos überfordert.

Wenn die eigenen Handlungsweisen dazu geführt haben, dass wir in anderen Lebewesen Leid ausgelöst haben, wollen wir uns das ungern eingestehen. Wenn wir durch andere traumatische Erlebnisse erfahren haben, fühlt sich unser Ego tief betroffen und leidet. Jetzt bringen wir noch eine weitere Sichtweise ins Kalkül. Wir hatten schon davon gesprochen, dass alles miteinander verbunden ist. – Denken wir diesbezüglich an die Superposition in der Quantenphysik –. Daraus könnten wir folgern: Jede meiner einzelnen Handlungen stellt in ihrer Wirkung eine Resonanz für die ganze Welt dar. Ich erlebe aufgrund meiner Körper-Behinderung und einer damit verbundenen deterministischen Bewusstseinsebene eine zeitlich und räumlich begrenzte Handlungsebene und somit eine Wirklichkeit von einem unmittelbaren kausalen Geschehen.

In der Superposition des Bewusstseins erreiche ich in meiner Handlungsebene das große Ganze. Vielleicht wird dann die Aussage von Jesus Christus verständlich, wenn er sinngemäß zum Ausdruck bringt: »Was ihr dem Geringsten in dieser Welt antut, dass tut ihr auch mir an.« Wir erleben bei einer Misshandlung einer einzelnen Kreatur deren Schmerzen und Leiden, nicht aber die damit verbundene Resonanz in die Welt. Genauso verhält es sich mit dem Leidenden. Er erlebt die Misshandlung und das damit verbundene Trauma mit seinem begrenzten Bewusstsein als Kausalität seiner Erlebnisebene, nicht die Resonanz in die Ganzheit des Seins. Was bedeutet dies im weiteren Sinne? Wenn ich Täter bin, bin ich auch Opfer!

Denn wenn wir die Raum-Zeit-Ebene der Bewusstseinsdetermination verlassen und in die Superposition gehen, erleben wir diese gleichzeitig mit einem Bewusstsein dessen, dass alles entsteht und schon entstanden ist. Damit ist die deterministisch bedingte Kausalität eines Handlungsergebnisses gleichzeitig verknüpft mit dem Resultat einer Konsequenz dieses Handlungsergebnisses. Ich würde an dieser Stelle von »karmischer Kausalität« sprechen. Damit wären wir wieder in einem deterministischen Bewusstseinszustand, aber zu einem anderen Zeitpunkt auf der Zeitschiene. Weil mittlerweile die Rolle des Täters in die Rolle des Opfers gewechselt hat. Ob in dieser Inkarnation oder in einer späteren, spielt vor dem Hintergrund des Ganzen nur eine untergeordnete Rolle.

Wechseln wir wieder in die Superposition. Hier findet sich gleichzeitig zur karmischen Kausalität natürlich auch die Erlösung. Denn alle Polarität ist gelöst. Gleichzeitig ist die Polarität natürlich noch vorhanden; aber halt auch erlöst. Bewusstsein kann aber determinieren und im Raum-Zeit-Kontinuum alle möglichen Zeitpunkte auf einer imaginären Zeitschiene erleben. Inkarniere ich in Zeitlebensspannen von diesem Kosmos, zum Beispiel in das zwanzigste Jahrhundert, erlebe ich mit meiner Körper-Behinderung einen sehr kleinen und begrenzten Ausschnitt eines großen Ganzen.

Aber wie gesagt: Es ist schon alles geschehen. Allerdings geschieht es auch gerade erst. Ich bin also voll verantwortlich für mein Handeln. Kommen wir nach diesem kleinen Exkurs wieder zurück in unser vertrautes Hier und Jetzt. Als Täter können wir unsere Taten bagatellisieren oder verdrängen, und als Opfer unsere Leiden in seelischen Krankheiten ausleben. Viel weiter bringt uns das aber nicht. Täter-Opfer-Täter-usw.! Wir brauchen ein Konzept, um dieses Dilemma zu überwinden:

Die Erlösung – die Heilung

Der Täter braucht den Blick in den Seelenspiegel und damit eine ehrliche Sichtweise auf seine Haltung und die daraus folgenden Handlungsweisen. Dies wäre eine wichtige Voraussetzung für den Prozess der Transformation und damit läge uns ein Konzept zur Überwindung dieses Dilemmas vor.

Für das Opfer wäre der Schritt vom Ego zum Selbst erforderlich. Das heißt, das Trauma annehmen und gleichzeitig auch verzeihen zu können. Damit wären wir aber nur einen Teil des Weges gegangen. Des Weiteren müssten wir dankbar sein, das Trauma erlebt haben zu dürfen und es als Reichtum für die weitere Entwicklung unserer Seele anzusehen. Ich gebe zu, dass dies eine sehr große Herausforderung darstellt. Viele traumatisierte Menschen werden an dieser Stelle vielleicht mit einem Kopfschütteln reagieren, und ich kann dies auch durchaus verstehen. Trotzdem sollten wir den Blick für das große Ganze immer wieder in den Mittelpunkt unseres begrenzten Bewusstseins heben.

Ich bin der Meinung, dass die wahre Spiritualität eine große Herausforderung an uns stellt. Den unter dem Ansatz der Ganzheitlichkeit muss man sich auch den Schatten stellen. Der Blick in den Abgrund der Seele ist mit Sicherheit kein leichtes Unterfangen. In diesem Zusammenhang möchte ich aber darauf hinweisen, dass unter gewissen Umständen eine Transformationsarbeit begleitet werden sollte. Bei seelischen Erkrankungen und traumatischen Erlebnissen sind psychotherapeutische Maßnahmen von Bedeutung. Auch das Erlernen von Meditationstechniken kann sehr hilfreich sein. Wichtig ist dabei, dass die Techniken durch einen erfahrenen und ausgebildeten Anleiter oder Meditationslehrer durchgeführt werden.

Nach diesem Vorspann unter dem Kapitel – Transformation – wollen wir uns nun den einzelnen Schritten der Transformation zuwenden.

1. Die Wahrnehmung

Mit der Wahrnehmung beginnt der erste Schritt auf dem Weg der Transformation. Doch was ist die Wahrnehmung? Die Wahrnehmung ist die Informationsgewinnung und -verarbeitung von Reizen aus der Umwelt und dem Körperinneren. In der Psychologie und Physiologie bezeichnet Wahrnehmung die Summe von Aufnahme, Auswahl, Verarbeitung (z.B. Abgleich mit Vorwissen) und Interpretation von sensorischen Informationen. Allerdings nur jene Informationen, die der Adaption des Wahrnehmenden an die Umwelt dienen oder die ihm eine Rückmeldung über Auswirkungen seines Verhaltens geben. Es sind damit nicht alle Sinnesreize Wahrnehmungen, sondern nur diejenigen, die kognitiv verarbeitet werden. Da die Wahrnehmung an die physiologischen Gegebenheiten der Sinnesorgane unseres Körpers ebenso gebunden ist wie an unseren kognitiven Bedingungen und Fähigkeiten, sind unsere Wahrnehmungen ein subjektives Unterfangen. Das heißt, nicht alle Menschen nehmen in der gleichen Situation auch dasselbe wahr. Wir kennen das aus Zeugenaussagen bei einem Unfallgeschehen. Auch kann unsere Aufmerksamkeitsrichtung zu unterschiedlichen Wahrnehmungen führen, ohne dass ein Falsch oder Richtig, sondern ein Sowohl-als-auch vorliegt. Wir kennen aus der Psychologie die sogenannten Kipp-Bilder:

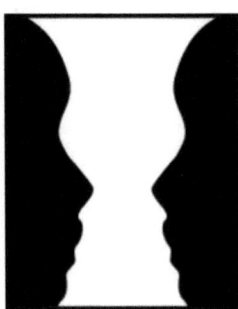

<u>Rubin'sche Vase</u> – Vase oder Gesichter?
- Das Pokalprofilmuster zeigt entweder zwei schwarze, sich anschauende Gesichter oder einen Pokal (jeweils im Profil). Dieses Beispiel wird dem dänischen Psychologen <u>Edgar J. Rubin</u> (1886–1951) zugeschrieben.

Das, was wir wahrnehmen, ist subjektiv und nicht vollkommen. Dieser Tatsache müssen wir uns bewusst sein bezüglich unseres Handelns. Kommen wir nach diesem kleinen Exkurs wieder zurück zu unserem ersten Schritt in der Transformationsarbeit. Wir treten als Beobachter unseres eigenen

Handelns und Verhaltens auf: Welche Gedanken und Gefühle sind in mir? Welche Persönlichkeitsmerkmale und -eigenschaften nehme ich bei mir wahr? Wie gestalte ich meinen Alltag? Wie verhalte ich mich in den verschiedenen Situationen meines Lebens? Welche Entscheidungen treffe ich wann und wo? Wie verhalte ich mich gegenüber meinen Mitmenschen: bei der Arbeit, in der Familie, im Freundeskreis oder im Alltagsgeschehen? Was macht mich aggressiv? Welche Einstellungen habe ich gegenüber anderen Menschen, Gesinnungen und Werten? Konkret geht es nun darum, was in der Transformation behandelt werden soll. Mit Hilfe der **Achtsamkeit** kann ich sowohl eine eigene Innenschau auf mein Verhalten durchführen als auch die äußeren Reaktionen, die mein Verhalten auslösen, retrospektiv betrachten und Rückschlüsse ziehen. Im Laufe der Zeit werde ich die Situationen immer besser verstehen und einen Blick dafür bekommen, was für die Transformationsarbeit wichtig ist.

2. Erkennen der Wahrheit

Wenn es uns im ersten Schritt der Transformation gelungen ist, uns durch tägliche Achtsamkeit in der Wahrnehmung so sensibilisiert zu haben, dass wir in der Lage sind, mehr und mehr über unser Denken, Fühlen und Handeln in Erfahrung zu bringen, dann können wir uns dem zweiten Schritt zuwenden.

Wir beginnen den zweiten Schritt mit einer kleinen Geschichte aus dem ganz normalen Alltag.

Ein Ehepaar lernt ein anderes Paar auf einer Festveranstaltung kennen und man betreibt eine angenehme und angeregte Konversation. Man verabredet sich und trifft sich mehrmals in einem Restaurant. Es entsteht eine freundschaftliche

Beziehung und man lädt sich zu einem Treffen in das eigene Zuhause ein. Man heißt sich herzlich willkommen und bittet, Platz zu nehmen.

Wir folgern daraus: Menschen, zu denen wir Vertrauen haben, lassen wir in unser häusliches Refugium eintreten. Bei anderen Menschen, zum Beispiel einem Vertreter, sind wir eher zögerlich und »fertigen« ihn schon mal an der Haustür ab. Weiter in unserer Geschichte: Nachdem die Gäste Platz genommen haben und der erste Schluck Wein getrunken ist, geht man über zur »Wohnungsbesichtigung«. Vielleicht auch mit ein wenig Stolz werden Küche, Bad, Arbeitszimmer und sogar Schlafzimmer gezeigt. Natürlich wurden die Räume, in Anbetracht des erwarteten Besuchs ordentlich aufgeräumt und geputzt. Wir folgern daraus: Menschen, die uns willkommen sind und zu denen wir Vertrauen haben, gewähren wir den Einlass auch in unsere intimeren Lebensbereiche.

Wir würden einem Vertreter, dessen Produkt unser Interesse geweckt hat, einlassen in die Wohnung und ihm einen Platz anbieten. Wir kämen aber nicht auf die Idee, ihm zum Beispiel unser Schlafzimmer zu zeigen. Weiter in unserer Geschichte: Die Wohnung wurde besichtigt und das eine oder andere Kompliment über Stil oder Geräumigkeit ausgesprochen. Auch der Garten wurde inspiziert und die prächtigen Kohlköpfe bestaunt. Was aber nicht im Besichtigungsprogramm enthalten war: der Keller! Wir folgern daraus: Unseren Keller wollen wir keinem zumuten. Manchmal gibt es dort unaufgeräumte Stellen. Andererseits ruht dort alter Krempel und scheint damit von geringerem Interesse. Wer die alten Keller in manchen Fachwerkhäusern mit ihrem diffusen Licht, niedrigen Durchgängen und Spinnweben an den Wänden kennt, erinnert sich vielleicht auch daran, dass wir zumindest als Kind diesen nur mit einem Gefühl von Furcht betreten haben.

Verlassen wir nun diese Geschichte. Was wir aber mitnehmen, ist der Keller!

In unserer Transformationsarbeit sind wir mit der Wahrnehmung eingestiegen und befinden uns im zweiten Schritt beim Erkennen der Wahrheit. In dem Kapitel *Wahrheit und Wirklichkeit* haben wir ausführlich in Erfahrung bringen können, wo die Tücken für das Erkennen der Wahrheit liegen. Und da kommt uns wieder die bekannte *Körper-Behinderung* zur Erinnerung. Ziel ist beim zweiten Schritt, der Wahrheit so nahe wie möglich zu kommen. Natürlich wissen wir, dass unser Verstehen der Dinge letztendlich nur unsere Wirklichkeit abbildet. Aber wie gesagt: Wir wollen der Wahrheit so nahe wie möglich kommen. Eine wichtige Grundvoraussetzung für diesen Weg ist die Ehrlichkeit und die echte Bereitschaft, es zu wollen. Die Ehrlichkeit verlangt den rigorosen Blick in den Seelenspiegel und die echte Bereitschaft des Wollens, und damit ein konsequentes Handeln. Auf diese Weise kommt auch unser »Keller« aus der Geschichte ins Spiel. Natürlich präsentieren wir uns gern von unserer angenehmen Seite. Wir zeigen unser Können und unseren Wohlstand. Wir sind die Guten.

Auch in dem Selbstbild, dass wir von uns haben, kommen wir doch meist ganz gut weg.

Wir wollen in den Keller – in den Seelenkeller.

Dort liegen die Sachen, die wir für unseren Alltag nicht haben wollen.

Gier, Hass, Macht! Aber auch Ängste, Zwänge und Traurigkeit. Wenn möglich, versuchen wir diese negativen Gefühle zu verheimlichen. Aber – sie gehören zu uns. Sie sind ein Teil von uns. Auch wenn wir sie gerne verdrängen oder nicht sehen wollen. Immer wieder drängen sie nach oben und zeigen ihr wahres Gesicht. Ob als Täter oder im Leiden des Opfers. Auch wenn wir sie immer wieder nach unten in den Seelenkeller bringen: in irgendeiner Form drängen sie nach oben. Damit man sie nicht gleich erkennt, tragen die Dinge auch gern mal eine Maske. – »Wenn ich mit einer großzügigen Spende das Elend in dieser Welt verringere, dann doch nur, weil ich aufgrund meiner Fähigkeiten und Genialität ein so erfolgreicher Geschäftsmann bin!«

Der zweite Schritt erfordert aber den Mut zur Ehrlichkeit und zur Bereitschaft des Wollens.

Die Achtsamkeit aus dem ersten Schritt kann auch hier gute Dienste leisten. Aber auch die Meditation ist ein geeignetes Mittel, den Weg des **Erkennens der Wahrheit** zu gehen. Dazu sollte die Meditation aber schon ein vertrautes Medium sein, das heißt, eine jahrelange Erfahrung ist hier angebracht. Anfänger sollten sich in Meditationskurse mit zertifizierten Meditationslehrern begeben.

Die Seelenkeller sind trotzdem mit Vorsicht und Wachsamkeit zu betreten. Besondere Vorsicht gilt den erlittenen Traumata und ihren Folgen. Das heißt, bei Menschen mit seelischen Störungen wie Depressionen, Ängsten, Zwängen usw. sollte unbedingt eine fachliche Hilfe in Anspruch genommen werden. Es kann somit erforderlich sein, dass eine psychotherapeutische Maßnahme absolute Priorität hat. Vielleicht findet man auch einen Therapeuten, der über einen ganzheitlichen Ansatz verfügt, der bezüglich einer Transformationsarbeit sehr hilfreich sein kann.

Letztendlich ist aber jeder für sich selbst verantwortlich. Fakt ist aber auch: Der Weg des »Erkennens der Wahrheit« ist ein lohnender, aber auch ein harter Weg. Im »Erkennen der Wahrheit« gilt es auch herauszufinden, was dem weiteren Transformationsprozess zugeleitet werden kann.

Es wäre allzu einfach, irgendeine unliebsame Marotte mal

kurz zu transformieren. Nach dem Motto: Ich bin zu dick und möchte ein paar Kilos abspecken – schaffe es aber nicht.

Das ist genauso hoffnungslos wie der Wunsch, dass sich der andere, mit dem ich immer wieder im Konflikt liege, ändert. Ein weiterer Aspekt, den man sich bei der Transformationsarbeit vor Augen führen muss, ist: Man kann ein Ereignis nicht ändern und nicht ungeschehen machen. Durch die eigene Transformation in der Seele kann ich die Voraussetzung bilden, in neuen Handlungsweisen Ereignisse neu zu erschaffen, die in einem energetischen Korrelat zu vergangenen Ereignissen stehen und eine Erlösung bewirken. Meine Handlungsweisen sind ein Produkt eines Zusammenspiels äußerer Situationen und innerer Haltungen. Die inneren Haltungen speisen sich aus Erfahrungen äußerer Ereignisse und einer grundlegenden Basisstruktur von Persönlichkeitseigenschaften. Diese wiederum rekrutieren sich aus den determinierten und damit inkarnierenden Seele-Geist-Eigenschaften und den genetisch bedingten Eigenschaften im Konvolut eines Geist-Seele-Körper-Kontinuums. Dieses Geist-Seele-Körper-Kontinuum gestaltet, zusammen mit den äußeren Ereignissen, die Eigenschaften unserer realen Persönlichkeit. Diese Eigenschaften, die unser Denken und Handeln bestimmen, sind die Elemente für die Transaktionsarbeit. Diese Elemente sind, da sie in einem ständigen Prozess von Erlebnis und Erfahrung stehen, in sich wandelbar.

Ein Kennzeichen dieses Prozesses ist die mögliche Veränderung einer Persönlichkeit. Wir alle kennen die Aussage: »Der hat sich aber verändert, den erkennt man ja gar nicht mehr wieder!«

Für die Transformationsarbeit ist es wichtig, die Elemente der Persönlichkeitseigenschaften und die Ereignisse, die prägend wirksam waren, mit in den Transformationsprozess einzubeziehen.

Das wollen wir uns an einem Beispiel anschauen:

Ein Kind wächst in einer Familie auf, deren wirtschaftliche Grundlage stets angespannt ist. Bei dem Kind sind die Eigenschaften Strebsamkeit und Fleiß gut ausgeprägt. Ein in jedem Lebewesen angelegtes Bedürfnis nach Sicherheit und Geborgenheit besteht auch bei diesem Kind.

In der Sozialisation seiner Familie lernt es sowohl auf materieller als auch auf kommunikativer Ebene einen stets latenten Mangelzustand. Man vergleicht sich mit anderen Familien und sieht sich einem reduzierten Zugang gegenüber den Konsummöglichkeiten. Das Kind muss zwar auf vieles verzichten, die elementaren Bedürfnisse in Form von Nahrung, Kleidung und Unterkunft sind jedoch gewährleistet. Die Sorgen in der Familie sind aber, gegenüber von Lebensfreude und liebevollem Miteinander, dominant. Aussagen wie »Haste was, biste was« oder »Man muss sehen, wo man bleibt und man muss nehmen, was man kriegen kann« sind in der Familie feste Redewendungen.

Die bei dem Kind ausgeprägten Eigenschaften Strebsamkeit und Fleiß könnten mit den Ereignissen innerhalb der Familie, zusammen mit anderen Faktoren, dazu führen, dass ein Streben nach Besitz und Wohlstand sehr stark die Handlungsebenen des Kindes prägt. Die Tür für die Entwicklung von Gier ist aufgeschlagen. Es würde jetzt zu weit führen, weitere Prozesse zu beschreiben, die diese Gier zu einer fundamentalen und alles beherrschenden Eigenschaft in diesem Menschen werden lassen.

Die wirtschaftlichen und vielleicht auch gesellschaftlichen Erfolge werden eventuell immer nur einen kurzen Zustand der Zufriedenheit bedingen. Der Grundtenor wird lauten: Mehr! Zu sehr haben sich die Aussagen in der Familie eingebrannt. Ein liebevolles Miteinander ist als Grundbedürfnis vorhanden, wurde aber nicht gelebt. Als Ersatz steht der

Besitz. Dieser wird erworben, und wenn man andere dafür ausbeutet. Man ist bereit, andere ins Leid zu stürzen. Die eigene Seele ist blind geworden für Mitgefühl und Solidarität. Andererseits könnte bei einem Kind in gleicher familiärer Ausgangslage eine völlig andere Entwicklung eintreten.

Wenn zum Beispiel die Eigenschaften des Kindes in Bezug auf Strebsamkeit und Fleiß nur schwach ausgeprägt sind, könnte dies andere Eigenschaften oder Prinzipien wie frühes Aufgeben, Resignation und Bereitschaft zum Rückzug zur Folge haben. Dies könnte man dann so begründen: »Es hat ja sowieso alles keinen Zweck!« Geringe Anstrengungen in der Schule und im Beruf könnten gepaart mit unzureichender, liebevoller Zuwendung letztendlich zu Depressionen, Zukunfts- und Existenzängsten führen.

In beiden Fällen hat sich ein Egoismus ausgebildet. Bei dem einen führt die Gier zu einem bedingungslosen Verhalten. Dabei wird das dadurch verursachte Leid, das man anderen zuführt billigend in Kauf genommen. Wobei im eigenen Leben eine wirkliche Lebensfreude und Liebe nicht erlebt wird. Bei dem anderen führt Selbstmitleid zur Resignation und letztendlich zu Depressionen und Ängsten. Was würden wir bei diesem Beispiel in die Transformationsarbeit überführen?

Im ersten Fall ist es die Gier zusammen mit den Fähigkeiten von Strebsamkeit und Fleiß. Aber auch die Ereignisse, die sich aus der familiären Situation und dem damit verbundenen Verhalten ergeben haben. Weiterhin gehören auch der Mangel an Mitgefühl und eine bestenfalls gering ausgeprägte Fähigkeit von liebevollem Miteinander dazu. Mit dazu gehört auch die Erkenntnis, welche leidvollen Situationen das eigene Verhalten bei anderen ausgelöst hat. Aber wie gesagt: Dies erfordert eine konsequente und ehrliche Auseinandersetzung, mit der Bereitschaft, auf den Weg der Wahrheit zu gehen. – Einen schonungslosen Blick in den Seelenspiegel und einen achtsamen Blick auf die gesamten Ereignisse und die damit entstandenen Situationen. Im zweiten Fall sollte das Selbstmitleid und die daraus entstandenen Depressionen und Ängste zusammen mit der familiären Situation wie im ersten Fall beschrieben den Weg in die Transformationsarbeit finden. In beiden Fällen käme noch das Mangelbewusstsein und die durch ein Sicherheitsbedürfnis rekrutierte Existenzangst in Spiel.

Was soll das Ergebnis der Transformationsarbeit sein? Im ersten Fall könnten folgende Ziele zum Tragen kommen:

Ich schenke in jeder Lebenssituation mein Vertrauen. Dieses Vertrauen ist an nichts gebunden.

Ich bin zufrieden mit dem, was ich habe und ich bin fähig, auch mit wenig Materiellem auszukommen.

Ich genüge mir selbst und gehe auf den Weg, mit jedem und allen ein liebevolles Miteinander zu leben.

Für diese Ziele setze ich meine Fähigkeiten Fleiß und Strebsamkeit ein.

Im zweiten Fall könnte zum Tragen kommen:

Ich schenke in jeder Lebenssituation mein Vertrauen. Dieses Vertrauen ist an nichts gebunden.

Ich bin zufrieden mit dem, was ich habe und bin fähig, auch mit wenigem auszukommen.

Ich bin dankbar, dass ich bin und gehe auf den Weg, die Dinge zu finden, die mir glückliche Momente bescheren und die ich mit anderen teilen kann.

Ich bin zufrieden mit dem, was ich kann und freue mich über jeden kleinen Erfolg.

Wir sehen, manchmal liegen augenscheinlich weit entfernte Verhaltens- und Handlungsweisen im Kern sehr dicht beieinander. Wir kennen aber auch Schicksale, bei denen es zu schweren traumatischen Erlebnissen gekommen ist. Wo Missbrauch in allen möglichen Formen erfolgt und zu schweren Krankheiten und Störungen geführt hat. Wie schon gesagt, bedarf es hier stets einer fachlichen Hilfe. Ein Verständnis zu entwickeln, ein Trauma anzunehmen ist schon ein schwieriger Prozess. Wenn es aber darum geht, einem Täter zu verzeihen, erfordert dies schon eine hohe Bereitschaft, in einen transformatorischen Prozess zu gehen. Ganz zu schweigen davon, in ein Bewusstsein zu kommen, dem Täter mit Dankbarkeit verbunden zu sein, weil es der eigenen seelischen Reifung dient. Damit wären wir aber auch bei der höchsten Herausforderung im Rahmen der Transformationsarbeit. Wir werden in den nächsten Abschnitten Gelegenheit haben, hierauf detaillierter einzugehen.

3. Annehmen der Wahrheit und Trauer

Wir wenden uns nun dem dritten Schritt in der Transformationsarbeit zu.

Wenn wir, wie im zweiten Schritt beschrieben, uns auf den Weg zur Wahrheit begeben haben, und zwar auf den Weg der eigenen Wahrheit, werden wir auf Widerstände stoßen.

Gern sehen wir die Unzulänglichkeiten der anderen – allerdings können auch die eigenen schon ganz ordentlich wehtun. Aber wenn wir in unserer seelischen Entwicklung weiterkommen wollen, müssen wir uns auch den Dingen stellen, die wir nicht wahrhaben wollen.

Dies hat viel mit dem Annehmen des Eigenen zu tun. Das heißt zunächst einmal, sich so zu sehen, wie man ist, mit all seinen Stärken und Schwächen – ohne Wertung.

Denn, Selbstannahme kann nur greifen, wenn sie auf einer ehrlichen Grundlage aufgebaut ist. Wenn man gegenüber sich oder anderen vordergründig in »Schönrederei« verfällt, mag das zwar für den Moment befriedigend oder sogar schmeichelnd sein, der Absturz ist aber mit Sicherheit vorgezeichnet. Diese Unehrlichkeit führt nämlich sicher zu einer Selbsttäuschung. Natürlich kann man in seinem »Seelengepäck« mit dieser Selbsttäuschung eine ganze Weile durch sein Leben reisen. Aber eines Tages kommt es in irgendeiner Lebenssituation zu einer Ent-täuschung! Wir alle kennen unseren seelischen Unmut oder Traurigkeit, wenn wir im Leben enttäuscht werden. Aber, mit der Enttäuschung findet die Selbsttäuschung ein Ende. Deshalb sollten wir, wenn es vielleicht auch schwerfällt, die Enttäuschung als eine positive Lebenserfahrung sehen. Um aber diesem Umweg der Enttäuschung zu entgehen, ist es im Rahmen der Selbstannahme wichtig, von vorn herein ehrlich mit sich und anderen umzugehen. Je nach seelischer Stabilität erfordert die Ehrlichkeit eine mehr oder weniger sorgfältige Behutsamkeit. Trotzdem, auch wenn es im ersten Moment etwas schmerzt oder wütend macht, bleibt die Ehrlichkeit eine wichtige Grundlage der Selbstannahme. Ein weiteres und wichtiges Merkmal in der Selbstannahme ist die wohlwollende Zuwendung zu sich selbst in Form eines liebevollen Umgangs. Über diese Selbstannahme kommen wir in dem dritten Schritt zum Annehmen der Wahrheit. Oder besser gesagt, der sich uns offenbarten Wirklichkeit, die unter Einbezug der Ehrlichkeit der Wahrheit näherkommt.

Fakt ist, wir müssen diese »Wahrheit« annehmen. Sie gehört zu uns. Im Erkennen der »Wahrheit« kann man diese vielleicht noch an der »Seelenoberfläche« parken und die vielleicht zerstörerischen Handlungen mit denen ich in diese Welt hineinwirke, verharmlosen. Aber im Annehmen geht es in die »Seelentiefe«, und dazu gehört auch, die Verantwortung zu übernehmen. Es kommt natürlich auf den Inhalt dieser »Wahrheit« an, der sich zu erkennen gibt und nun als ein Bestandteil unserer Seele angenommen wird. War dieser

Inhalt mit einem großen Leid verbunden? Mit Leiden, die durch meine Haltung und Verhalten in Ereignisse manifestiert worden sind und danach Bestandteil dieser Welt geworden sind? Oder aber Leiden, die ich selbst erfahren habe; in denen ich zum Opfer wurde? Diese Fragen werden gleichzeitig in dem Annehmen der »Wahrheit« ihre Antworten, zumindest zum Teil, finden. Dies alles stellt bisweilen eine emotionale Belastung dar. Und je nach Inhalt und Intensität kann diese Belastung sehr hoch sein, um zu einer ehrlichen Annahme gegenüber sich selbst und zu einer Wertschätzung gegenüber anderen zu gelangen. Im Rahmen eines ganzheitlichen Prozesses werden im »Seelenspiegel« neben unseren »lichten« auch die »dunklen« Eigenschaften abgebildet. Dann dürfen wir uns »wertschätzen« und auch trauern! Die Trauerarbeit ist ein wichtiger seelischer Prozess und die Trauer zeigt sich nicht nur beim Verlust eines geliebten Menschen oder Haustieres. Auch traumatische Erlebnisse oder die Erkenntnis der Ursache oder Verursachung von Leid hat etwas in uns oder anderen sterben lassen. Dies kann die Würde oder auch die Freiheit und Unversehrtheit in unserer Seele sein, die gestorben ist. Die Trauerarbeit kann in verschiedenen Phasen ablaufen. Ich möchte diesbezüglich die Einteilung nach *Verena Kast* als Anlehnung zugrunde legen. In der ersten Phase kann es zu einem Nicht-Wahrhaben-Wollen kommen. Das kann im eigenen Entsetzen über sich selbst oder den Ereignissen niederschlagen. Aber auch die Verleugnung kann Gegenstand der ersten Phase sein. In der zweiten Phase können Emotionen aufbrechen, die im Wechsel auftreten. Dies können Wut, Angst, Traurigkeit und Verzweiflung sein. Diese Gefühle darf man ruhig zulassen und man sollte sie bei der Transformationsarbeit mit Achtsamkeit betrachten. Im Rahmen der Wertschätzung sollten auch keine Schuldgefühle oder Schuldzuweisungen durchbrechen, auch um der

Gefahr zu entgehen, in dieser Phase stecken zu bleiben. In der dritten Phase geht es um das Suchen, Finden und Trennen. Es geht darum, die Ereignisse gedanklich aufzusuchen. Hat man sie gefunden, sollte man sie betrachten und sie aus dem Gegenwärtigen lösen. Ich kann mich von den Dingen lösen, ohne sie zu verdrängen. Sie sind nach wie vor ein Bestandteil meines Seins, aber durch das Lösen kann ich ihnen auf einer anderen Ebene neu begegnen. In der vierten Phase kommt es zur Akzeptanz. Meine Haltung und Verhaltensweise, ob gegenwärtig und/oder in der Vergangenheit, führen zu Ereignissen oder haben diese verursacht. Dies ist die Realität meines Lebens und ich kann dies akzeptieren.

Mit dem Ende der vierten Phase sollte man aus der Trauerarbeit aussteigen können.

In der Transformationsarbeit heißt es, die Dinge stehen mir gegenüber. Ich kann sie erkennen und benennen. Damit wird der dritte Schritt der Transformationsarbeit abgeschlossen und wir nehmen unsere Erkenntnisse und Ergebnisse unserer bisherigen Arbeit mit auf den Weg in den nächsten Schritt.

4. Die Kapitulation

Beginnen wir mit dem vierten Schritt in der Transformationsarbeit.

Wer kapituliert, beendet den Krieg

Mir ist kein Krieg bekannt, in dem es einen Sieger gibt. Warum werden Kriege geführt?

Es geht meist um Vormachtstellungen, Ideologien, territoriales Ausbreiten und Sicherung der Rohstoffe. Aber all diese

Dinge sind nicht von Dauer. Selbst durch Kriege erworbene große Reiche sind über kurz oder lang wieder zerfallen. Vorherrschaften wie zum Beispiel das Reich der Mongolen oder das Alexander des Großen sind schon lange von der Landkarte verschwunden. Trotz allem werden Kriege auch heute noch glorifiziert. Auch verherrlichende Schilderungen in mancher Literatur von siegreichen Feldzügen oder Militärparaden ob eines großen vaterländischen Krieges sind nach wie vor populär. Aber wer führt diese Kriege? Es sind Menschen! Wo hinterlässt der Krieg seine Spuren? Beim Menschen. Aber auch bei anderen Lebewesen und der Natur.

Betrachtet man die Bilder der Erde vom Weltall aus, aufgenommen von Raumsonden, sieht man keine politischen Grenzen oder die Ausmaße möglicher Reiche.

Man sieht in erster Linie einen blauen Planeten mit den Umrissen seiner Landmassen und Ozeane und die Verteilung der Wolkenmassen. Politische Grenzen und Machtrefugien sind einzig allein in den Köpfen der Menschen. Was aber bedeutet der Krieg faktisch? Der Krieg ist ein extrem oszillierendes Täter-Opfer-Geschehen, bei dem es ausschließlich Verlierer gibt. Menschen werden in großer Zahl verwundet oder getötet. Dies bedingt eine große Traumatisierung. Es entsteht ein unermessliches Leid. Angehörige von getöteten Soldaten und Zivilisten, mehr oder weniger verwundete Menschen mit entsprechenden körperlichen Schmerzen, seelische Traumata durch Verlust von Angehörigen. Erlebnisse von grausamen Kriegsgeschehen wie zum Beispiel Bombardements, Verlust von Wohnunterkunft, Hunger und Misshandlung, Vertreibung und Flucht komplettieren ein unermessliches Leiden in Form von schweren traumatischen Geschehen in der Seele. Selbst überlebende Soldaten sind oftmals traumatisiert und bekommen viele Bilder nicht mehr aus ihrem Kopf. Aber – wo sind dann die Sieger? Was nützt denn ein ideologischer

Triumph oder ein Landgewinn, wenn die Bomben und Granaten auch in mir drinnen eine verbrannte Seelenlandschaft hinterlassen haben? Der Krieg wird in der Regel erst dann beendet, wenn einer kapituliert. Aber was ist, wenn keiner kapituliert? Wenn der unterlegene Gegner den Kampf durch Hinterhalt und Terroranschläge weiterführt? Wir erleben dies ja in unzähligen Bürgerkriegen, die über Jahrzehnte eine kriegerische Auseinandersetzung am Laufen halten. Der Krieg kennt nur Verlierer!

Was hat dies aber alles mit unserer Transformationsarbeit zu tun? Auch in unserer Seele finden Kriege statt. Ich möchte dies an einem einfachen Beispiel aufzeigen. Ein kleines Kind beginnt, seine eigene Kreativität zu entdecken. Es findet Gefallen daran, sich auszuprobieren. Es malt Bilder, formt mit Knete, macht Geschicklichkeitsspiele mit dem Ball, hilft einen Kuchen backen und probiert sich in vielen Dingen aus. Manches gelingt sehr gut, manches weniger. Es entdeckt seine Talente und findet heraus, was ihm Spaß macht und was weniger oder gar nicht. Auf diesem Weg braucht es Ermutigung und Bestätigung. Was aber, wenn es diese nicht erfährt? Es sogar zu gegensätzlichen Reaktionen kommt? Wenn es anhören muss: »Du kannst nichts« oder »Du bist dafür zu ungeschickt und zu dumm«. Vielleicht kommt es sogar bei etwas ungeschickteren Handlungen zu Bestrafungen. Vielleicht geschieht dies sogar über einen längeren Zeitraum. Dies stellt eine erhebliche traumatische Erfahrung dar. Darüber hinaus kommt es zu einem innerseelischen Konflikt. Auf der einen Seite steht das natürliche Bedürfnis, sich auszuprobieren und seine Kreativität auszuleben. Seine Interessen und Fähigkeiten zu erkennen und damit sein Leben zu gestalten.

Auf der anderen Seite stehen der oder die, wie es ein kleines Kind noch empfindet, mächtigen Erzieher, die es genau wissen und oft ja Recht haben. Dieser innerseelische Konflikt ist nicht lösbar. Soll es seinen Erziehern, zum Beispiel Vater und Mutter, Recht geben? Dann müsste es seine eigenen Lebensbedürfnisse im Rahmen der Kreativität und der Lust am Gestalten verleugnen.

Möchte es an Ersterem festhalten, müsste es sich seiner erzieherischen Peiniger entledigen oder zumindest verbal mit ihnen auseinandersetzen. Dies ist aber einem kleinen Kind noch nicht möglich.

Dieser innere Konflikt ist also nicht lösbar. Da dieser Konflikt nicht zu lösen ist und damit zu einer ständigen Belastung wird, wird er verdrängt. Er wird in das Unbewusste verlagert.

Damit ist der Konflikt aber keinesfalls weg. Dieser Konflikt möchte aber gelöst werden, da dessen polare Spannung einen traumatischen Charakter hat. Also wird dieser Konflikt quasi zur Lösung Richtung Bewusstsein gespült. Da will man ihn aber nicht haben und somit muss er wieder abgewehrt werden. Jetzt haben wir unseren innerseelischen Krieg. Der Konflikt will ins Bewusstsein, unser Ego wehrt ihn wieder ab. Aber auch dieser Krieg kennt nur Verlierer. Denn dieser Krieg verursacht Leiden; und diese Leiden heißen Ängste, Depressionen, Zwänge und Co.

Wer kapituliert, beendet den Krieg. Das heißt natürlich nicht, dass damit jegliches Leid ausgeschlossen ist. In den oben genannten Kriegen in unserem Weltgeschehen geht der Krieg oftmals von einem Aggressor aus. Lassen wir ihm durch eine sofortige Kapitulation einen freien Weg, wird er sein Kriegsziel sofort umsetzen. Natürlich ersparen wir auf beiden Seiten kriegerisch bedingtes Leid, aber es könnten durchaus neben Landnahme auch Ausbeutung und Unterdrückung erfolgen.

Ein, theoretisch gesehen, seelisch hoch entwickeltes Land würde dieses sogar ohne Leid ertragen. Ein Täter, der durch seine Handlungen sein Gegenüber nicht in die Opferrolle zwingen kann, wird sich letztendlich »totlaufen«. Aber auch unser innerseelischer Krieg wird bei einer Kapitulation vielleicht nicht ohne Leiden bleiben. Ganz gleichgültig, ob es sich um einen längst verdrängten Konflikt in unserer Seele handelt oder um aktuelle Auseinandersetzungen in unserem Alltag, wo wir uns mit unseren Ellenbogen durchkämpfen: Wir brauchen für unser weiteres Vorankommen die Kapitulation.

Unsere Auseinandersetzungen, die wir im Alltag erleben und deren Steuerungsmechanismus auf der Grundlage von Macht, Gier und Hass aufgebaut ist, wurde uns schon in den ersten Schritten der Transformationsarbeit bewusst. Unseren innerseelischen verdrängten Konflikt haben wir vielleicht nicht so schnell erkannt. Vielleicht brauchte es auch fachliche, therapeutische Hilfe. Die Kapitulation wird zu einer inneren Haltung. Ich kämpfe nicht mehr gegen den Konflikt und auch nicht in ihm, sondern ich weiß um ihn und bin bereit, ihn mit in den nächsten Schritt zu nehmen. Ich kämpfe nicht mehr um Geld und Macht und bin mir meines Hasses bewusst. Ich bin bereit, dieses mit in den nächsten Schritt zu überführen. Der Weg der Kapitulation sollte mit einem achtsamen Bewusstsein gegangen werden. Aber auch die Meditation ist hier ein geeignetes Werkzeug. Der Kapitulation folgt unmittelbar der nächste Schritt. Menschen mit ausgeprägten seelischen Erkrankungen sollten immer Rücksprache mit einem Therapeuten halten.

5. Tod

Kommen wir nun zu dem fünften Schritt. Wir erinnern uns an das Kapitel: Was ist der Tod? Es geht nicht darum, dass etwas nicht mehr da ist, sondern um die Wandlung. Wir können Ereignisse nicht mehr verwandeln oder rückgängig machen. Wandelbar aber sind die Eigenschaften meiner Persönlichkeit, die zu einer Haltung und Handlung führen können und Ereignisse erschaffen haben oder diese noch erschaffen. Genauso geht es den Eigenschaften in uns, die sich durch Ereignisse in uns manifestiert haben. Es geht nicht um die aus psychologischer Sicht angeborenen Charaktermerkmale, Interessen und Bedürfnisse oder Fähigkeiten. Es geht um diejenigen Eigenschaften, die, wenn auch angeborene Merkmale einen gewissen Einfluss hatten, sich im zeitlichen Erlebensfeld eines Individuums in der Seele gebildet haben. Dies betrifft sowohl die Handlungen, die wirkliches Leid in die Welt getragen haben, als auch Ereignisse, die uns traumatisiert haben und in uns manifeste Ängste, Depressionen und Zwänge ausgelöst haben.

Es wäre natürlich zu einfach, wenn man meint, man brauche seine Ängste nur einfach mit auf den Transformationsweg zu nehmen, und weg sind sie. Kommen wir zurück zu den zu transformierenden Eigenschaften in der Seele. Ich möchte diese als »Erworbene-Seelen-Eigenschaften« bezeichnen (ESE). In den vorherigen Schritten, vornehmlich im Erkennen der Wahrheit, haben wir die ESE in unserer Seelenlandschaft erkannt und angenommen. Ein ESE-Modul, das entspricht einer einzelnen Eigenschaft, wird in ein Transformationsfeld überstellt. Zu diesem ESE-Modul wird ein Ereignis, das mit diesem Modul im Zusammenhang steht, ebenfalls in das Transformationsfeld gestellt. ESE-Modul und Ereignis-Modul bilden die Basis eines Transformationsfeldes. Jetzt fehlt noch als drittes Modul die angestrebte Veränderung, die durch die Transformationsarbeit erreicht werden soll.

Wie dieses Erneuerungs-Modul aussehen soll, bedarf einer wertungsfreien Betrachtung der Basis des Transformationsfeldes. Natürlich kann dies in einem meditativen Prozess erfolgen. Hat man sich in den ersten Schritten noch durch den Blick in den Seelenspiegel mit dem Aufdecken und Erkennen der eigenen Unzulänglichkeiten auseinandersetzen müssen, auch mit allen dazugehörigen emotionalen Belastungen, so sollte in diesem Fall eine eher neutrale Position des Beobachters eingenommen werden. Sollte das Erneuerungs-Modul gefunden sein, ist das Transformationsfeld komplett. Das Transformationsfeld stellt ein seelisch-energetisches Feld dar. Bei der Transformationsarbeit wird der Fokus bei diesem fünften Schritt vornehmlich auf dem ESE-Modul und dem Ereignis-Modul liegen. Das Erneuerungsmodul ist zwar energetisch eingebunden, es ist aber in der Position des »Werdenden« im Vergleich zu den ersten beiden, die sich in der Position des »Gewordenen« befinden. Die Module in dem Transformationsfeld sind teilweise abstrakt.

Nehmen wir einmal die Gier an. Wir verbinden damit eine Eigenschaft und Verhaltensweisen, die wir kognitiv erfassen und verbal ausdrücken können. Unser Vorstellungsvermögen und unsere gemachten Erfahrungen befähigen uns auch, diese mehr oder weniger uns bildlich vor Augen zu führen.

Es ist von Vorteil, wenn wir die Module des Transformationsfeldes visualisieren. Unser Gehirn hat die Verarbeitung und Abbildungen von Bildern viel früher in Erfahrung gebracht als die Sprache.

Das heißt in unserem konkreten Fall, dass wir das Transformationsfeld visualisieren. Nachdem die Visualisierung vollzogen ist, wird sie, vorzugsweise, in einen meditativen Bewusstseinsprozess überführt. Im Bewusstsein ist ausschließlich das Transformationsfeld visuell gegenwärtig und sollte nicht von anderen ausschweifenden Gedanken gestört werden. Im Kontext dieser Bewusstseinsphase sollte eine emotionale Grundhaltung in Form von tiefem Vertrauen gewährleistet sein.

Natürlich erfordert diese Arbeit eine gewisse Übung und Erfahrung in meditativer Kenntnis und Praxis.

Je tiefer man sich mit diesem visualisierten Transformationsfeld fallen lässt, umso näher kommt man dem Kern der Transformation. Es sollten hier keine steuernden Gedanken in diesem Prozess wirksam werden. Man lässt es geschehen, und dazu benötigt es unser Vertrauen. Allzu gern möchten wir die Kontrolle über die Geschehnisse behalten. Dann aber besteht die Gefahr der Manipulation und damit eine Verfälschung der Transformationsarbeit. Im Kern der Transformation, dem Tod, kommt es in der Wandlung zum Zerfall und gleichzeitig zum Ursprung. Beide Eigenschaften, also das ESE sowie das »Neue«, stehen an einem Nullpunkt. Der Geist ist der Baustein des Bewusstseins, somit ist der Geist das Bewusstsein. Damit ist der Geist als Bewusstsein der Schöpfer der Eigenschaften in meiner Seelenlandschaft. Die seelische Eigenschaft ist aber in ihrer Ausformung wandelbar. Sie kann wieder zerfallen und sich neu ausformen. Andererseits ist das »Neue« aber schon immer dagewesen. Wir müssen uns an dieser Stelle wieder an die Superposition erinnern. Das, was wir mit unserem Bewusstsein in der augenblicklichen Transformationsarbeit wahrnehmen, ist eine reine Determination in einem unendlichen und ewigen, zeitlosen superpositionellen Sein. Etwas zerfällt und Neues entsteht. In unserem Bewusstsein würden wir in dem Zerfallen des einen noch nicht das Erleben des Neuen sehen. Gleichsam würden wir in dem Erleben des Neuen das Alte nicht mehr als existent wahrnehmen. In unserem Raum-Zeit-Bewusstsein würden wir es der Vergangenheit zuordnen. Aber wenn wir uns der Determination entziehen und in die Superposition gehen, ist alles gleichzeitig vorhanden. Allenfalls stehen das Alte und das Neue in einer gewissen Beziehung. Nach der Quantenphysik würde ich es den Gegebenheiten des Bell'schen Theorems zuordnen. Gleichzeitig ist die Beziehung des Alten und des Neuen auf der seelischen Ebene einem Prozess des Erlösenden zuzuordnen. Wo immer wir auch aus deterministischer Sichtweise mit unserem Bewusstsein stehen, hat dies natürlich auch Auswirkungen auf unsere Befindlichkeit. Wenn wir das Neue in unserer Seele entfalten können, wird dies Einfluss auf die Gestaltung zukünftiger Ereignisse haben.

In diesem Zusammenhang erleben wir eine neue und zufriedenere Seelen- und Lebensqualität.

Der Tod, als Kern der Transformation, wird zum Enzym des Lebens. Er ist der Motor für die dynamische Entwicklung des Lebens in unserem existentiellen Raum, in diesem Kosmos. Diese Prozesse finden nicht nur in der oben beschriebenen Transformationsarbeit statt, sondern sind ein Bestandteil unseres täglichen Lebens. Man könnte auch sagen: In unserem Kosmos ist der Tod ein wichtiger Garant für die Weiterentwicklung des Lebens. Für unsere persönliche Entwicklung tragen wir die Verantwortung und die Entscheidung unserer Wandlung. Ob in Form von Transformationsarbeit im oben beschriebenen Sinne oder über längere Prozesse über mehr oder weniger ausgeprägte Erfahrungen, die uns zu einem Wandlungsprozess führen. Dies kann durchaus auch über viele Inkarnationen führen. Wir entscheiden es und haben es schon entschieden.

Mit dem fünften Schritt haben wir in der Transformationsarbeit einen großen Schritt getan.

Es kann durchaus erforderlich sein, das gleiche Transformationsfeld erneut oder in abgewandelter Form in die Transformationsarbeit zu führen.

Wir kommen nun zu dem sechsten Schritt in der Transformationsarbeit.

6. Die Auferstehung

Kommen wir zu Schritt sechs in der Transformationsarbeit: der Auferstehung.

Mit dem Begriff der Auferstehung bringen viele von uns die Auferstehung von Jesu Christi in Zusammenhang. Die Evangelien berichten von seinem Tod am Kreuz. Am dritten Tag ist er von den Toten auferstanden. Sein Grab war leer und er ist seinen Jüngern erschienen. Warum auch immer sein Grab leer war, ich bezweifle, dass sein Leib auferstanden ist. Das würde alles in allem auch keinen Sinn ergeben. Für die damaligen Menschen galt, wie auch für viele Menschen in unserer Zeit: Wenn der Körper verstorben ist, bedeutet das den Tod. Man ist nicht mehr da. Das Prinzip von Seele und Geist wird einfach außer Acht gelassen, und damit das eigentlich Wesentliche.

Es geht in der Auferstehung von Jesus Christus nicht darum, dass sein Körper das Martyrium der Kreuzigung im Nachhinein schadlos übersteht, sondern dass die »Erlösung von dem Bösen« das eigentliche Merkmal seines irdischen Lebens darstellt. Damit werden die Kreuzigung und die Auferstehung zu einem Symbol des ständigen Wandels, in dem die Auferstehung die Essenz unseres irdischen Lebens darstellt. Die Auferstehung als Teil der Transformation. Speziell im Leben von Jesus Christus wird die Auferstehung im Licht der Liebe zu der eigentlichen Kraft der Transformation. Die Auferstehung durch den Prozess der Transformation erleben wir in allen Bereichen unserer irdischen Existenz. In der Natur können wir das ganz explizit an der Wandlung von der Raupe zum Schmetterling beobachten. Die Wandlung eines Samenkorns zu einer Blume, die Geburt eines Lebewesens und seine verschiedenen Entwicklungsstufen sind auch immer ein Prozess der Wandlung. Selbst auf einer schlicht materiellen Ebene können wir das beobachten. Etwa beim Umbau eines Gebäudes oder bei der Umgestaltung und Wandlung von ursprünglichen Siedlungen in moderne Städte. Manche Ortschaften sind wieder ganz von der Bildfläche verschwunden und die Natur hat wieder die Oberhand gewonnen. Uns geht es aber um die Wandlung im seelisch-geistigen Bereich. Unser Transformationsfeld, das wir mit den »Tod« genommen haben, hat den Wandlungsprozess durchschritten. Das »Neue« ist entstanden und entfaltet seine Natur. Seine Entfaltung stellt seine Auferstehung dar. Dies ist kein statischer, sondern ein dynamischer Prozess. Die neue Eigenschaft wird zum Antrieb neuer und veränderter Handlungsweisen und wird somit zum Baumeister neuer Ereignisse. Natürlich im Zusammenspiel der uns umgebenden Situationen.

Die Entstehung neuer Ereignisse ist natürlich auch in sich ein Prozess der Veränderung und damit immer auch verbunden mit dem Prinzip der Auferstehung. Somit wird auch die Auferstehung zu einem neuen Transformationsgeschehen. Diese Prozesse wiederum verlaufen nicht linear, sondern komplex. Das heißt, mit unserer eigenen Transformationsarbeit und der gestalterisch damit einhergehenden Auferstehung bedingen wir die Grundlage für die positive Veränderung in der Welt.

Letztendlich geht es nicht um uns, sondern um Individuen auf dieser Welt. Wenn wir das verstanden haben und in unserem Leben sinnhaft zur Gestaltung bringen, dann haben wir auch die christliche Botschaft der Auferstehung verstanden. Wir müssen selbst aktiv werden, und nicht denken, dass unsere Sünden vergeben werden durch einen Glauben, der zu der Aussage kommt: »Er hat die Sünden von euch genommen.« Das wäre zu einfach. Abgesehen davon, zeigen mir die Situationen und Ereignisse in der gegenwärtigen Welt ein anderes Bild. Uns ist ein Weg durch das Symbol aufgezeichnet worden. Gehen müssen wir den Weg selbst. Damit sind wir den sechsten Schritt gegangen und werden ihn weitergehen dürfen. Wir wenden uns dem nächsten Schritt zu.

7. Verbindung zum »höheren Selbst«

Kommen wir nun zum letzten Schritt in der Transformationsarbeit: die Verbindung zum »höheren Selbst«. Schon zu einem früheren Zeitpunkt haben wir erwähnt, dass wir in einer dualistischen Welt leben. Die damit verbundene Polarität zu überwinden ist das Ziel unserer Transformationsarbeit.

Nicht nur unsere *Körper-Behinderung*, sondern auch unser Egoismus lässt unser Bewusstsein so weit einschränken, dass wir von einem rudimentären Bewusstsein sprechen können. Unser Körper und vor allem seine begrenzten Möglichkeiten der Sinneswahrnehmung signalisieren uns ein »Außen« und »Innen«. Wir erleben uns mit einem Körper, der sich von seiner Umwelt abgrenzt. Unser Gehirn dient als Filter eines Bewusstseins und lässt somit nur ein begrenztes Bewusstsein zu. Dies umso stärker, wie wir uns an die Körperlichkeit anhaften. Unser Ego strebt vordergründig nach Lust und Befriedigung seiner Bedürfnisse. Unsere Liebe und Fürsorge sind oftmals an etwas gebunden. Wir haben uns diesen Sachverhalt schon eingehender in vorherigen Kapiteln betrachtet. Es geht aber darum, durch die Arbeit mit der Transformation im seelisch-geistigen Bereich in einen Zustand des Selbst zu kommen: die Verbundenheit mit allen Wesen. Wie schon beschrieben, in ein kollektives Bewusstsein. Das wäre ein großer Schritt in der Entwicklung der Menschheit. Ich möchte aber noch einen Schritt weitergehen: das höhere Selbst. Eine Lösung aus der Starre des Egoismus und des Verharrens in einem ausschließlichen Körperbewusstsein. Dieses Loslassen aus dieser Starre ist zusammen mit der Transformationsarbeit ein wichtiger Schritt, um in diese höhere Bewusstseinsform zu gelangen. Dies hat nichts mit Weltflucht zu tun. Ganz im Gegenteil: Man sollte mit beiden Beinen fest im Leben stehen. Aber nicht wie einbetoniert, sondern bereit sein, durch das Leben zu gehen.

Die Erkenntnis und das Erlebnis in einem höheren Selbst lässt sich nicht beschreiben. Versucht man es, läuft man Gefahr, etwas durch Wort und Schrift zu verfälschen oder in seiner Bedeutung und Größe zu vermindern. Die Verbindung zum höheren Selbst, ganz gleich welcher Intensität, führt zu einem Lebensgefühl, das uns eine Ahnung verspüren lässt, was unter dem »Göttlichen« zu verstehen ist. Der Weg lohnt sich für die Aussicht auf etwas Unaussprechliches. Damit endet die Beschreibung des siebten und letzten Schrittes in der Transformationsarbeit. Ich hoffe, der Wahrheit ein Stück näher gekommen zu sein.

Wir sind alle auf dem Weg.

Anhang und Danksagung

Die in diesem Buch verfassten Kapitel schildern im überwiegenden Maße die Gedanken und ein Bewusstsein, das meiner eigenen Wirklichkeit entspricht. In Anlehnung an das Kapitel – Wahrheit und Wirklichkeit – möchte ich darauf hinweisen, dass ich mir nicht anmaße, *die* Wahrheit zu kennen und zu wissen.

Ich hoffe allerdings, der Wahrheit ein großes Stück näher gekommen zu sein.

Die Arbeit mit der Transformation ist eine große Herausforderung; sie verlangt eine gründliche Vorbereitung und Eigenverantwortung.

Das Hinzuziehen von fachlicher Hilfe ist bei der Seelenarbeit, vor allem bei seelischen Erkrankungen, immer ratsam.

Für den Aufbau einer Projektgruppe »Transformationsarbeit« möchten wir Kontakte knüpfen. Vornehmlich suchen wir Psychotherapeuten, Psychologen, Physiker und Mediziner, die diesem neuen Weg aufgeschlossen und zugewandt sind.

Ich möchte allen Danke sagen, die mir auf meinem Lebensweg begegnet sind und mir in meinem Bewusstsein ein Mosaiksteinchen hinterlassen haben und mir damit die Möglichkeit gegeben haben, dieses Buch zu schreiben.

Mein besonderer Dank gilt meiner Ehefrau Bettina für ihre Ideen des Buchdesigns und dem Lektor Mirko Partschefeld für die ehrlich-klare Rezension.

Kontakt: **transformation@phoenix-groa.de**

Literaturhinweise

Seite 10 ff.: »Blick in die Ewigkeit« von Dr. Eben Alexander

Seite 13 ff.: »Quantenphysik« von Dieter Schuster

Seite 19: Maslow'sche Bedürfnispyramide aus Lehrbüchern der Psychologie

Seite 39: Protyposis. Bewusstsein und Quantenphysik

Seite 46 ff.: Trauma Lehrbuch« der Psychotraumatologie von Fischer und Riedesser

Seite 54: Wahrnehmung Die Rubin'sche Vase von dem Psychologen Edgar J. Rubin (1886–1951)

Seite 60: Trauer Trauerarbeit nach Vera Kast

Der Autor

Der Autor Norbert Golombek wurde am 12. Juni 1953 geboren.

Von Beruf ist der Familienvater Ergotherapeut, Psychologischer Berater und Meditationslehrer.

Seit 20 Jahren arbeitet er im Rahmen der Psychiatrie mit seelisch behinderten Menschen. Davon 10 Jahre in Selbstständigkeit in einem Team, in dem Wertschätzung, Selbstbestimmung und Ganzheitlichkeit als wichtige Grundlage dienen.

Der Autor hat sich im wissenschaftlichen Bereich vordergründig der Quantenphysik verschrieben. Zudem hat er sich seit mehr als 40 Jahren einer bodenständigen Spiritualität gewidmet und hat in dieser Zeit tiefgründige Erfahrungen, vor allem durch die Meditation, gemacht.

Seine spirituellen Erfahrungen und seine wissenschaftlichen Kenntnisse hat er in einer Synthese zusammenfließen lassen.

Sein Lebensthema, die Transformation, hat er auf dieser Grundlage in diesem Buch niedergeschrieben.